LES PRINCIPES DE LA CONNAISSANCE HUMAINE

GEORGE BERKELEY

Traduction par
CHARLES RENOUVIER

TABLE DES MATIÈRES

Notice sur la vie et l'œuvre de Berkeley   v
Avertissement de Ch. Renouvier   xiii

Préface de l'auteur   1
Introduction   3
1. Analyse raisonnée des principes   27
2. Réponses aux objections   48
3. Conséquences et applications   82

NOTICE SUR LA VIE ET L'ŒUVRE DE BERKELEY

BERKELEY (George) naquit en 1685, à Dysert, près de Thomastown, dans une des régions les plus pittoresques du comté de Kilkenny, en Irlande. Il appartenait à une famille modeste d'origine anglaise et animée de sentiments jacobites. Il fit ses premières études au collège de Kilkenny, où commença son amitié avec Thomas Prior.

[1700-1713]

De quinze à vingt-huit ans, il vit à la grande université de Dublin, Trinity College, élève d'abord – et des plus brillants, – puis maître, successivement lecteur pour le grec, la théologie, l'hébreu, prédicateur de l'Université, etc. Il y reçoit les ordres en 1709.

C'est l'époque décisive où se forme le système de Berkeley. Son *Livre de Notes* (*Commonplace Book*) le montre, presque dès sa vingtième année, maître de ses idées, de ses méthodes, conscient de leur nouveauté et de leur portée.

Son activité originale se dirige presque tout entière vers les mathématiques et la philosophie. Après deux traités anonymes sur des questions mathématiques, parus en 1707 et 1709, il publie les trois ouvrages où se développe de plus en plus complètement sa première philosophie : l'*Essai d'une nouvelle théorie de la vision* (1709) ; le *Traité sur les principes de la connaissance humaine,* inachevé (1710) ; les *Dialogues entre Hylas et Philonous* (1713).

On peut caractériser, dès ce moment de sa vie, non seulement l'esprit qui l'anime, mais toutes ses idées fondamentales.

Le principe de toutes les théories de Berkeley, principe qu'il aperçoit et formule avec une lucidité singulièrement précoce, c'est que l'esprit humain est encombré d'idées abstraites confuses, d'où viennent toutes les difficultés où s'embarrassent philosophes, mathématiciens, théologiens, non sans préjudice pour le commun des hommes : si l'on réussit, par une vigoureuse et méthodique analyse critique, à les réduire, à écarter tout ce qui n'y est que langage, artifice, habitude et préjugé, à ressaisir enfin la réalité à sa source première, telle qu'elle se révèle à une conscience prudente et ingénue, un monde tout spirituel apparaît, d'où nous n'avons nul moyen et nul besoin de jamais sortir, et qui suffit à la science et à la foi comme à la vie commune. Cette réalité spirituelle, Berkeley va l'analyser avec l'ingéniosité la plus subtile et la plus hardie, en prétendant constamment rester d'accord avec le sens commun, bien plus, se ranger du parti des simples contre les philosophes, et s'appuyer sur le fonds solide des vérités pratiques.

Si nous regardons autour de nous, la vue fait de nous le centre d'un univers apparent de choses étendues : Berkeley commence par s'attaquer à cette illusion capitale et privilégiée (*Essai sur la vision*). Elle vient d'un perpétuel et inconscient mélange, produit par l'habitude, exigé par la vie, entre les données du toucher et celles de la vue. Mais considérons celles-ci toutes pures : elles « *n'existent que dans l'esprit* » ; elles n'ont proprement ni surface ni distance, ni volume, en un mot, pas d'étendue : ou, si l'on veut, elles n'ont qu'une étendue toute visuelle, faite de qualités subjectives et relatives, qui ne relève que de l'esprit, et qui est bien différente de l'étendue tactile.

Mais le toucher lui-même, pas plus qu'aucun autre sens (*Traité de la connaissance humaine*), n'a au fond le pouvoir de nous faire sortir de l'esprit pour entrer en contact avec de véritables choses, étrangères à sa nature et réellement matérielles. Toutes les sensations ne sont qu'un langage entendu par l'esprit et dont toute la signification est spirituelle : les idées de matière, d'espace, de temps se résolvent en groupes de sensations et en pensées ; la réalité qui se cache sous ces mots est tout entière dans l'esprit.

Berkeley n'hésite donc pas à proclamer un radical immatérialisme (*Dialogues*). Il n'y a pas d'être, mais seulement de l'apparence, dans ce que nous nommons « chose en soi » ou matière. *Esse est percipi :* toute la réalité des choses consiste dans les perceptions immédiates que nous en avons ; le monde de la pensée absorbe et renferme le prétendu monde de l'étendue. Hylas, qui soutient naïvement la réalité de substances matérielles hors de l'esprit, est repoussé par Philonous de position en position et finalement contraint d'avouer que les choses sont « des idées qui n'existent que dans l'intelligence ».

Pourtant tout ne se ramène pas à un jeu de phénomènes sans fondement et la réalité n'est pas la fantaisie capricieuse d'un esprit individuel : de l'immatérialisme Berkeley conclut au spiritualisme et à la Divinité. Dès le *Commonplace Book,* la formule passive *Esse est percipi,* « Être, c'est être perçu », est complétée par la formule active *Esse est percipere,* « Être, c'est percevoir ». Le monde spirituel a deux formes ou deux aspects, selon qu'on y considère l'objet de la connaissance ou au contraire le sujet qui se porte vers cet objet ; l'activité de l'esprit qui veut, qui perçoit, qui comprend est impliquée dans les volitions, perceptions et idées que nous ne saisissions d'abord qu'à titre de phénomènes. Mais notre esprit fini, imparfait, réceptif, suppose un grand Esprit infini qui communique avec lui par le langage des sens et dont nous découvrons immédiatement l'existence : l'immatérialisme est inconcevable sans Dieu, puisque tout ce qui existe n'est que pensée et ne peut être que dans un esprit.

Le système de Berkeley, dans sa hardie simplicité primitive, prétend donc, en nous obligeant seulement à suivre le bon sens jusqu'au bout, sans nous effrayer d'apparents paradoxes, assurer la paix du cœur et la tranquillité de l'esprit. Dès que s'évanouit la croyance à la matière, l'athéisme perd tout fondement et la vie morale est illuminée par un spiritualisme sans ombre. La science voit ses principes garantis par l'universelle intelligibilité d'un monde où tout n'est qu'intelligence, et les inextricables contradictions où s'engageaient, après Newton, physiciens et mathématiciens disparaissent avec l'impensable matière, réfractaire aux lois de l'esprit, qui défiait, tous leurs efforts. Le sens commun lui-même trouve dans cette doctrine une singulière satisfaction, car le monde sensible y est réhabilité des dédains des philosophes : le plus humble des hommes touche à la réalité par la perception immédiate plus sûrement que les abstracteurs de substances ; et les lois morales comme les lois naturelles nous font immédiatement participer à l'ordre universel, qui a son principe dans l'esprit infini.

Telles sont les grandes directions, les principes essentiels et comme les ambitions caractéristiques du système que Berkeley a construit dès sa jeunesse et qu'il va conserver toute sa vie, mais en le retouchant sans cesse, amené par la vie même à le considérer de points de vue nouveaux.

[1713-1720]

Après la première période d'études, de développement précoce et d'intense production, Berkeley, pendant sept ou huit ans, mène une vie beaucoup plus agitée. Il habite Londres, se mêle à la société, séjourne quelque temps à Oxford, voyage sur le Continent pendant plusieurs années, notamment en France et en Italie. Il rend visite à Malebranche, à Paris, en 1713 ; il écrit à Lyon, en 1720, le *De concours de l'Académie des Sciences*.

[1721-1728]

Puis il semble prendre le parti de se fixer en Irlande ; il se fait pourvoir d'un poste ecclésiastique (doyen de Dromore, puis de Derry) ; il se marie en 1728. Mais, à ce moment même, il a déjà conçu l'idée d'une grande entreprise d'évangélisation et de civilisation auprès des sauvages d'Amérique. Ayant fait un héritage imprévu, croyant avoir intéressé à son projet par une active propagande le public et le gouvernement, il part en 1728 pour fonder un collège dans les îles Bermudes.

[1728-1732]

Mais il s'arrête à Rhode-Island, s'y installe pour attendre – inutilement – les subsides promis, et finalement y demeure jusqu'à son retour en Angleterre, à la fin de 1731. C'est pendant ce séjour de trois années à Rhode-Island qu'il reprend d'une manière directe et approfondie l'étude de la philosophie antique, en particulier du Platonisme, et qu'il compose l'*Alciphron*, le principal ouvrage de sa maturité. Le système immatérialiste y prend surtout la forme d'une apologétique religieuse : Berkeley, délaissant la critique psychologique d'autrefois pour les considérations morales, s'efforce surtout d'établir que l'Esprit infini a le rôle et les attributs du Dieu du christianisme.

[1732-1734]

De retour à Londres, sa nouvelle ardeur philosophique se conserve quelque temps : en même temps que l'*Alciphron*, il publie l'*Analyste* et plusieurs écrits sur les mathématiques ; il donne une nouvelle édition, quelque peu modifiée, des trois principaux ouvrages de sa jeunesse.

[1734-1752]

Mais bientôt il est nommé évêque de Cloyne, en Irlande ; il va se fixer pour de longues années dans son pays natal et se donne à mille œuvres philanthropiques et moralisatrices ; il s'associe activement aux efforts des patriotes irlandais qu'inspire son ami Swift ; à l'occasion d'épidémies qui désolent particulièrement l'Irlande en 1740, il a l'idée de préconiser un remède qu'il a appris à connaître dans son voyage d'Amérique, l'eau de goudron, et il devient jusqu'à la fin de sa vie le propagateur inlassable, enthousiaste, de cette « panacée universelle ».

C'est à cette entreprise qu'il rattache étroitement son dernier grand ouvrage philosophique, la *Siris* (1744), bientôt traduite dans diverses langues sous le titre : *L'Eau de goudron*. De la manière la plus étrange et par la chaîne de déductions la plus imprévue, Berkeley, partant des propriétés des résines et étudiant leur action sur les diverses maladies, retrouve et dégage peu à peu les thèses essentielles de son ancien système ; mais il le revêt cette fois d'un langage platonicien, sans craindre d'y introduire des éléments nouveaux, dont l'accord avec les anciens a été vivement discuté. Il considère l'immatérialisme, non plus seulement en moraliste et en théologien, comme dans l'*Alciphron*, mais en métaphysicien plus exigeant, et, par-delà la réalité sensible immédiate, veut saisir ce qui l'explique et la fonde ; il croit trouver dans le Feu ou Éther, qui fait l'excellence de l'eau de goudron, l'intermédiaire pour passer du monde sensible au monde intelligible et s'élever aux Idées, Archétypes des choses dans l'intelligence universelle.

[1752-1733]

Enfin, vieilli, malade, ayant perdu son fils préféré, il se décide à quitter Cloyne à la fin de 1752 ; il vient s'installer à Oxford, où l'accueille un respect universel ; il y meurt presque aussitôt, le 20 janvier 1753.

G. BEAULAVON.

AVERTISSEMENT DE CH. RENOUVIER

Nous avions dans le tiroir une traduction française des *Principes de la connaissance*, de Berkeley, faite depuis assez longtemps déjà pour notre usage personnel. Quelques professeurs ont pensé que la publication de ce travail dans la *Critique philosophique* ne serait pas sans utilité ou sans intérêt pour nos lecteurs. Nous accédons à leur désir, d'autant plus volontiers que cet ouvrage de Berkeley, qui n'a pas encore été, que nous sachions, traduit dans notre langue, est, selon nous, un de ceux qui devraient toujours avoir place dans la bibliothèque d'un étudiant en philosophie, dût le choix de ses livres être borné à dix ou douze auteurs. Nous dirions moins encore que cela, pour peu qu'on nous en pressât !

Cette traduction a été faite sur le texte donné par M. le professeur Fraser, éditeur des œuvres complètes de Berkeley, en 4 volumes in-8°, 1871.

Nous avons placé entre deux crochets les passages qui appartiennent à la première édition de l'ouvrage (1710) et que l'auteur lui-même a retranchés dans la seconde édition (1734).

Nous avons placé dans des notes les passages ajoutés par l'auteur dans cette seconde édition, à moins qu'ils ne fussent sans importance réelle, auquel cas nous les avons admis dans le texte. Ils ne sont pas nombreux[1].

Nous devons au lecteur une remarque sur la traduction des mots *mind* et *spirit,* qui, dans le langage de Berkeley, s'entendent, l'un de l'ensemble des fonctions mentales, l'autre du sujet de ces fonctions, la *substance spirituelle.* Nous les avons traduits l'un et l'autre par le terme d'*esprit,* en ayant soin seulement de marquer la distinction par les mots anglais entre parenthèses, quand elle nous a semblé utile. Après quelques tâtonnements, nous n'avons pas su trouver une terminologie qui eût moins d'inconvénients.

---

1. Ces passages ont été marqués des signes <.... >. A.L.

Traité des principes de la connaissance humaine contenant des recherches sur les principales causes d'erreur et de difficultés dans les sciences et sur les fondements du sceptisisme de l'athéisme et de l'irréligion

PRÉFACE DE L'AUTEUR

L'écrit que je publie m'a paru, après une longue et scrupuleuse recherche, porter les caractères de l'évidence et ne devoir pas être inutile, surtout aux personnes entachées de scepticisme, ou qui ont besoin d'une démonstration de l'existence et de l'immatérialité de Dieu ou de l'immortalité naturelle de l'âme. S'il en est réellement ainsi ou non, je serai bien aise que le lecteur impartial l'examine, car je ne me tiens pour intéressé au succès de mon ouvrage que pour autant qu'il est conforme à la vérité. Mais afin que cet objet même ne soit pas manqué, j'adresse au lecteur une requête : c'est qu'il suspende son jugement jusqu'à ce qu'il ait au moins une fois tout lu jusqu'au bout, avec ce degré d'attention et de réflexion que le sujet semble bien mériter. Il y a quelques passages, en effet, qui, pris en eux-mêmes, sont exposés (et il n'y a pas à cela de remède) à des interprétations grossièrement fausses, et prêtent à l'accusation de conduire à des conséquences absurdes, dont on verra, si on lit tout, qu'ils se trouvent exempts.

Et, pareillement, il est très probable qu'une lecture complète, mais trop rapide, occasionnera encore des méprises sur le sens. Mais, pour un lecteur qui pense, je me flatte que tout sera clair et facile à saisir.

Quant aux caractères de nouveauté et de singularité que peuvent paraître porter certaines des notions qui suivent, je n'ai, je pense, besoin de fournir aucune apologie. Celui-là ferait certainement preuve d'une grande faiblesse, ou serait bien peu familier avec les sciences, qui rejetterait une vérité susceptible de démonstration, sans autre raison que sa nouveauté et son désaccord avec les préjugés des hommes.

Ces explications préliminaires m'ont semblé utiles pour prévenir, s'il se peut, la censure hâtive de ces sortes de personnes qui sont trop portées à condamner une opinion avant de l'avoir bien comprise.

INTRODUCTION

La philosophie n'étant pas autre chose que l'étude de la Sagesse et de la Vérité, on pourrait raisonnablement s'attendre à ce que ceux qui lui ont consacré le plus de temps et de peines eussent l'esprit plus calme et plus serein, trouvassent plus de clarté et d'évidence dans la connaissance, et fussent assiégés de moins de doutes et de difficultés que les autres hommes. Cependant, voici ce que nous voyons. La masse illettrée du genre humain, qui suit la grande route du sens commun, et dont la nature dicte la conduite, est pour la plus grande partie exempte d'inquiétude et de trouble. À ceux-là, rien de ce qui est familier ne paraît inexplicable ou difficile à comprendre. Ils ne se plaignent pas d'un manque d'évidence dans leurs sons, et ne sont point en danger de devenir sceptiques. Mais nous n'avons pas plutôt laissé là les sens et l'instinct pour suivre la lumière d'un principe supérieur, pour raisonner, méditer, réfléchir à la nature des choses, que mille scrupules s'élèvent dans nos esprits au sujet de ces mêmes choses que nous croyions auparavant comprendre parfaitement. Les préjugés et les erreurs des sens se découvrent de tous côtés à notre vue. Nous essayons de les corriger par la raison, et nous voilà insensiblement conduits à des paradoxes inouïs, à des difficultés, à des contradictions, qui se multiplient sous nos pas à mesure que nous avançons dans la spéculation. À la fin, après avoir erré dans bien des labyrinthes, nous nous retrouvons juste où nous étions, ou, ce qui est pis, nous nous fixons dans un misérable scepticisme.

2. On croit que la cause en est dans l'obscurité des choses, ou dans la faiblesse et l'imperfection de notre entendement. Nos facultés, dit-on, sont en petit nombre, et la nature les a destinées pour l'entretien et les plaisirs de la vie, non pour pénétrer l'essence intime et la constitution des choses. De plus, l'esprit de l'homme est fini, et quand il traite de choses qui participent de l'infinité, il ne faut pas s'étonner qu'il soit jeté dans des difficultés et des contradictions dont il est impossible qu'il se tire jamais ; car il est de la nature de l'infini de n'être pas compris par ce qui est fini.

3. Mais peut-être montrons-nous trop de partialité pour nous-mêmes, quand nous mettons la faute originellement sur le compte de nos facultés, et non pas plutôt du mauvais emploi que nous en faisons. Il est dur de supposer que de droites déductions tirées de principes vrais puissent aboutir à des conséquences impossibles à soutenir ou à concilier entre elles. Nous devrions croire que Dieu n'a pas témoigné si peu de bonté aux fils des hommes, que de leur donner le puissant désir d'une connaissance qu'il aurait placée absolument hors de leur atteinte. Cela ne serait point conforme aux généreuses méthodes ordinaires de la Providence, qui, à côté de tous les appétits qu'elle peut avoir implantés dans les créatures, a coutume de

mettre à leur portée les moyens dont la mise en œuvre bien entendue ne saurait manquer de les satisfaire. Par-dessus tout, j'incline à croire que la plus grande partie des difficultés, sinon toutes, auxquelles se sont amusés jusqu'ici les philosophes, et qui ont fermé le chemin de la connaissance, nous sont entièrement imputables ; – que nous avons commencé par soulever la poussière, et qu'ensuite nous nous sommes plaints de n'y pas voir.

4. Mon dessein est donc d'essayer si je pourrai découvrir quels sont les principes qui ont introduit cette incertitude et ces doutes, ces absurdités, ces contradictions qu'on rencontre chez les différentes sectes en philosophie ; si bien que les hommes les plus sages ont cru notre ignorance irrémédiable et en ont cherché la cause dans la lourdeur naturelle et les limites de nos facultés. Et certes, c'est une œuvre qui mérite bien qu'on y mette toute sa peine, que celle qui consiste à faire une exacte recherche des *premiers principes de la connaissance humaine*, à les examiner de tous les côtés et passer au crible ; surtout quand il y a quelque fondement à ce soupçon, que les difficultés et les obstacles qui arrêtent l'esprit dans la recherche de la vérité ne tiennent pas tant à l'obscurité ou à la nature compliquée des objets, ou au défaut naturel de l'entendement, qu'à de faux principes auxquels on s'est attaché et dont on aurait pu se garder.

5. Quelque difficile que soit l'entreprise, et quelque peu encouragé que je m'y trouve si je songe combien d'hommes d'un grand et extraordinaire génie ont formé avant moi le même dessein, je ne laisse pas de concevoir quelque espérance. Je me dis, en effet, que les vues les plus longues ne sont pas toujours les plus nettes, et que celui qui a la vue courte, étant obligé de regarder l'objet de plus près, peut quelquefois discerner par une

inspection plus étroite et plus serrée ce que des yeux beaucoup meilleurs que les siens n'ont pas aperçu.

6. Afin de préparer l'esprit du lecteur à mieux comprendre ce qui suit, il est à propos de placer ici quelques mots en guise d'introduction, touchant la nature et les abus du langage. Mais pour débrouiller ce sujet, je suis conduit en quelque mesure à anticiper sur mon plan, et à m'occuper de la cause à laquelle paraissent dus en grande partie les embarras et perplexités de la spéculation et les innombrables erreurs et difficultés qui se rencontrent dans toutes les branches de la connaissance. Cette cause, c'est l'opinion où l'on est que l'esprit possède un pouvoir de former des *idées abstraites* ou notions des choses. Quiconque n'est pas tout à fait étranger aux écrits des philosophes et à leurs disputes doit nécessairement avouer que la question des idées abstraites y tient une bonne place. On croit qu'elles sont d'une manière plus spéciale l'objet des sciences comprises sous les noms de Logique et Métaphysique, et de tout ce qui passe pour souverainement pur et sublime en fait de savoir. C'est à peine si dans tout cela on trouverait une question traitée de façon à ne pas supposer que ces sortes d'idées existent dans l'esprit et lui sont bien familières.

7. Il est accordé de tous les côtés que les qualités, ou modes des choses, n'existent jamais réellement chacune à part et par elle-même, séparée de toutes les autres, mais qu'elles sont mélangées, pour ainsi dire, et fondues ensemble, plusieurs en un même objet. Or, nous dit-on, l'esprit étant apte à considérer chaque qualité isolément en la détachant des autres auxquelles elle est unie, doit par ce moyen se former des idées abstraites. Par exemple, la vue perçoit un objet étendu et coloré qui se meut. Cette idée mixte ou composée, l'esprit la résout en ses parties constituantes et simples, et, envisageant chacune en elle-même à

l'exclusion du reste, il doit former les idées abstraites d'étendue, couleur et mouvement. Non qu'il se puisse que la couleur ou le mouvement existent sans l'étendue ; mais c'est que l'esprit peut se former par *abstraction* l'idée de couleur, exclusivement à l'étendue, et de mouvement, exclusivement tout à la fois à la couleur et à l'étendue.

8. De plus, l'esprit ayant reconnu que les étendues particulières perçues par les sens nous offrent quelque chose de commun et de pareil en toutes, et puis certaines autres choses spéciales, comme telle ou telle figure ou grandeur, qui les distinguent entre elles, il considère à part, il prend isolément et en soi-même ce qu'il y a de commun, et il en fait, parmi toutes les idées de l'étendue, l'idée la plus abstraite, qui n'est ni ligne, ni surface, ni solide, n'a aucune figure, ni aucune grandeur, mais est une idée entièrement détachée de toutes celles-là. Par le même procédé, l'esprit, laissant de côté dans toutes les couleurs particulières perçues par les sens ce qui les distingue les unes des autres, et retenant seulement ce qui leur est commun à toutes, fait une idée de la couleur en abstrait, laquelle n'est ni rouge, ni bleue, ni blanche, ni d'aucune autre couleur déterminée. De même encore, en considérant le mouvement séparément non seulement du corps qui est mû, mais aussi de la figure qu'il décrit dans son mouvement, et de toute direction ou vitesse particulières, on forme l'idée abstraite de mouvement ; et cette idée correspond également à tous les mouvements particuliers que les sens peuvent percevoir.

9. Et de même que l'esprit se forme des idées abstraites des qualités ou modes, ainsi, et à l'aide du même procédé de séparation mentale, il obtient des idées abstraites des êtres les plus composés qui renferment diverses qualités coexistantes. Par

exemple, observant que Pierre, Jacques et Jean se ressemblent par de certaines propriétés de forme ou autres qualités, qui leur sont communes, l'esprit laisse de côté, dans l'idée composée ou complexe de Pierre, ou de Jacques, ou de tout autre homme particulier, ce qui est spécial à chacun, garde seulement ce qui est commun à tous, et construit de la sorte une idée abstraite de laquelle participent également tous les particuliers. Il y a donc séparation totale et retranchement de toutes les circonstances et différences qui pourraient déterminer cette idée à une existence particulière. Et de cette manière on dit que nous arrivons à l'idée abstraite de l'homme, ou, si l'on veut, de l'humanité ou nature humaine. La couleur fait partie de cette idée, il est vrai, parce que nul homme n'est sans couleur, mais ce ne peut être ni le blanc, ni le noir, ni aucune couleur particulière, vu qu'il n'y a pas de couleur particulière que tous les hommes aient en partage. La stature en fait aussi partie, mais ce n'est ni une grande, ni une petite, ni même une moyenne taille, mais quelque chose qui s'abstrait de toutes. Et ainsi du reste. De plus, comme il existe une grande variété d'autres créatures qui participent en certains points, non pas en tous, de l'idée complexe de l'homme, l'esprit laissant de côté tous les traits particuliers aux hommes et ne gardant que ceux qui sont communs à toutes les créatures vivantes, forme l'idée de l'*animal*, idée obtenue par abstraction, non seulement de tous les hommes particuliers, mais encore de tout ce qu'il y a d'oiseaux, de bêtes, de poissons et d'insectes. Les parties constitutives de l'idée abstraite de l'animal sont le corps, la vie, le sentiment et le mouvement spontané. Par le *corps* on entend le corps sans aucune forme particulière ou figure, car il n'y a point de forme ou figure commune à tous les animaux ; sans rien qui le couvre, comme poils, plumes, écailles. etc. ; non pas nu cependant, puisque les poils, les plumes, les écailles, la nudité sont des propriétés distinctives des animaux particuliers, et, pour cette raison, doivent être écartées de l'*idée abstraite.* D'après la même considération, le mouvement spontané ne doit être ni la marche, ni le vol, ni la reptation ; c'est néanmoins un mouvement ; mais ce mouvement, qu'est-il ? Il n'est pas facile de le concevoir.

10. Si d'autres possèdent cette merveilleuse faculté d'abstraire leurs idées, ce sont eux qui peuvent le mieux nous le dire ; quant à moi [j'ose me tenir pour certain que je ne la possède pas][1], je reconnais bien que j'ai la faculté d'imaginer, de me représenter les idées de ces choses particulières que j'ai perçues et de les composer et diviser de différentes manières. Je peux imaginer un homme à deux têtes, ou les parties supérieures d'un homme jointes au corps d'un cheval. Je peux considérer la main, l'œil, le nez, chacun à part, pris séparément du reste du corps. Mais alors cette main que j'imagine, ou cet œil doivent avoir quelque forme et couleur particulières. Pareillement l'idée d'un homme, que je me forme, doit être celle d'un homme blanc, noir ou basané, droit ou tordu, de grande, petite ou moyenne taille. Je ne saurais par aucun effort de pensée concevoir l'idée abstraite ci-dessus définie. Et il m'est également impossible de former l'idée abstraite du mouvement, distinct du corps mû, et qui n'est ni rapide ni lent, ni droit ni curviligne. J'en dirai autant de toutes les autres idées générales abstraites. À parler net, j'avoue que je suis capable d'abstraction, en un sens ; c'est quand je considère, séparées des autres, certaines parties ou qualités qui leur sont unies en quelque objet, mais qui cependant peuvent exister réellement sans elles. Mais je nie que je puisse détacher les unes des autres, ou concevoir séparément des qualités dont l'existence

ainsi séparée est impossible ; ou que je puisse former une notion générale par la séparation d'avec les particuliers de la manière que j'ai rapportée ; et ce sont là les deux propres acceptions du mot *abstraction*. Or, il y a de bonnes raisons de penser que la plupart des hommes reconnaîtront volontiers leur cas dans le mien. La masse des simples et des illettrés n'a aucune prétention aux *notions abstraites*. On dit qu'elles sont difficiles et qu'on n'y arrive pas sans peine et sans étude ; et nous pouvons raisonnablement conclure que dès lors elles sont le lot exclusif des savants.

11. Je passe maintenant à l'examen des raisons qu'on allègue en faveur de la doctrine de l'abstraction. J'essaierai de découvrir ce que c'est qui rend les hommes de spéculation enclins à embrasser une opinion aussi éloignée du sens commun que celle-là paraît l'être. Un [éminent] philosophe récent, justement estimé, a prêté sans nul doute une grande force à cette opinion, en paraissant croire que la différence la plus considérable entre la bête et l'homme, quant à l'entendement, consiste en ce que celui-ci a des idées générales. « Avoir des idées générales, c'est, dit-il, ce qui établit une distinction parfaite entre l'homme et les bêtes, et c'est une perfection à laquelle les facultés des bêtes n'atteignent jamais. Nous n'observons évidemment point de traces en eux de l'emploi de signes généraux pour marquer des idées universelles, et nous sommes par là fondés à imaginer qu'ils n'ont pas la faculté d'abstraire, ou de former des idées générales, puisqu'ils n'ont point l'usage des mots ou d'autres signes généraux. » Et un peu après : « Je crois donc que nous pouvons supposer que c'est en cela que les espèces des bêtes sont distinguées des hommes, et que telle est la propre différence qui les sépare, et finit par mettre entre les unes et les autres une si énorme distance ; car si les bêtes ont des idées et ne sont pas de

pures machines (comme quelques-uns le prétendent) nous ne saurions nier qu'elles aient de la raison à un certain degré. Et pour moi, il me paraît aussi évident qu'il y en a quelques-unes qui raisonnent en certaines rencontres, qu'il me paraît qu'elles ont du sentiment ; mais c'est seulement sur des idées particulières qu'elles raisonnent, selon que leurs sens les leur présentent. Les plus parfaites d'entre elles sont renfermées dans ces étroites bornes, n'ayant, je crois, la faculté de les étendre par aucune sorte d'abstraction. » (LOCKE, *Essai sur l'entendement humain*, liv. II, chap. XI.) Je tombe volontiers d'accord avec le savant auteur, sur ce que les facultés des bêtes ne peuvent aucunement atteindre à l'abstraction. Mais si l'on fait de ce trait la propriété distinctive de cette sorte d'animaux, j'ai peur que parmi eux il ne faille compter un bien grand nombre de ceux qui passent pour des hommes. La raison ainsi alléguée pour prouver qu'il n'y a nul fondement à croire que les bêtes ont des idées abstraites, c'est que nous n'observons pas qu'elles se servent des mots ni d'aucuns signes généraux ; elle repose sur la supposition que l'usage des mots implique qu'on a des idées générales ; et il suit de là que les hommes, qui usent du langage, sont capables d'abstraire ou généraliser leurs idées. Que ce soit là le sens et l'argument de l'auteur, on peut s'en assurer par la réponse qu'il fait à une question qu'il se pose à un autre endroit : « Puisque toutes les choses qui existent ne sont que particulières, comment arrivons-nous aux termes généraux ? » La réponse est celle-ci : « Les mots généraux quand ils sont pris pour signes des idées générales. » (Liv. III, chap. III.) Je ne puis me ranger à cette opinion, car je pense qu'un mot devient général quand il est pris pour signe, non d'une idée générale abstraite, mais de différentes idées particulières, chacune desquelles est suggérée indifféremment à l'esprit par ce mot. Par exemple, quand on dit que « le changement survenu dans le mouvement est proportionnel à la force imprimée », ou que « toute étendue est divisible », ces propositions doivent s'entendre du mouvement et de l'étendue en général ; et pourtant il ne suit pas de là qu'elles me suggèrent l'idée d'un mouvement sans un corps mû ou sans aucune direction ni vitesse déterminée, ni que je puisse concevoir une idée générale abstraite d'étendue qui ne soit ni ligne, ni surface, ni volume, ni grande, ni petite, ni blanche, ni noire, ni rouge, ni d'aucune autre couleur déterminée. Tout ce qu'on peut entendre, c'est que n'importe quel mouvement particulier que je considère, qu'il soit lent ou rapide, perpendiculaire, horizontal ou oblique, et à quelque corps qu'il s'applique, l'axiome énoncé se trouve également vrai. Et de même pour l'autre axiome, qui est vrai de toute étendue particulière, tant ligne que surface ou volume, ou de telle ou telle grandeur ou figure qu'elle puisse être.

12. Observons comment les idées deviennent générales, et nous pourrons mieux juger comment les mots se font généraux. Et ici on remarquera que je ne nie point absolument qu'il y ait des idées générales, mais seulement qu'il y ait des idées générales *abstraites*. Dans les passages que j'ai cités, où il est fait mention des idées générales, on suppose toujours qu'elles sont formées par abstraction, de la manière exposée ci-dessus (8 et 9). Maintenant, si nous voulons donner une signification aux mots et ne parler que de ce que nous pouvons concevoir, nous reconnaîtrons, je crois, qu'une idée qui, étant considérée en elle-même, est particulière, devient générale, quand on la prend pour représenter toutes les autres idées particulières de la même sorte et en tenir lieu. Afin d'éclaircir ceci par un exemple, supposons un géomètre qui démontre la méthode à suivre pour couper une

ligne en deux parties égales. Il trace, si l'on veut, une ligne noire d'un pouce de longueur ; mais cette ligne, particulière en elle-même, est néanmoins générale quant à la signification, puisque, de la manière dont on s'en sert, elle représente toutes les lignes particulières quelconques ; tellement, que ce qui est démontré d'elle est démontré de toutes les lignes, ou, en d'autres termes, démontré d'une ligne en général. Et comme *cette ligne particulière* devient générale en étant faite signe, ainsi ce *nom* « ligne », qui, pris absolument, est particulier, de ce qu'il est pris pour signe, est fait général. Et comme la première tient sa généralité de ce qu'elle est le signe, non d'une idée abstraite ou générale, mais de toutes les lignes droites particulières qui puissent exister, ainsi le second doit être regardé comme tirant sa généralité de la même cause, à savoir des lignes particulières diverses qu'il dénote indifféremment.

13. Pour donner au lecteur un aperçu encore plus clair de la nature des idées abstraites et des services pour lesquels on les croit indispensables, je citerai un autre extrait de l'*Essai sur l'entendement humain* : « Les *idées abstraites* ne se présentent pas si tôt ni si aisément que les idées particulières aux enfants ou à un esprit qui n'est pas encore habitué à cette manière de penser. Que si elles paraissent aisées à former à des hommes faits, ce n'est qu'à cause du constant et du familier usage qu'ils en ont fait ; car si nous les considérons exactement, nous trouvons que les idées générales sont des fictions et des inventions de l'esprit, qui entraînent de la difficulté avec elles et qui ne se présentent pas si aisément que nous sommes portés à nous le figurer. Prenons, par exemple, l'idée générale d'un triangle ; quoiqu'elle ne soit pas la plus abstraite, la plus étendue et la plus malaisée à former, il est certain qu'il faut quelque peine et quelque adresse pour se la

représenter ; car il ne doit être ni obliquangle, ni rectangle, ni équilatéral, ni isocèle, ni scalène, mais tout cela à la fois et nul de ces triangles en particulier. Dans le fait, il est quelque chose d'imparfait qui ne peut exister, une idée dans laquelle certaines parties tirées d'idées différentes et inconciliables sont mises ensemble. Il est vrai que dans l'état d'imperfection où se trouve notre esprit il a besoin de ces idées et qu'il se hâte de les former le plus tôt qu'il peut pour communiquer plus aisément ses pensées et étendre ses propres connaissances, deux choses auxquelles il est naturellement fort enclin. Mais avec tout cela, l'on a raison de regarder de telles idées comme des marques de notre imperfection ; ou du moins cela suffit pour faire voir que les idées les plus générales, les plus abstraites, ne sont pas celles que l'esprit reçoit les premières et avec le plus de facilité, ni celles sur qui roule sa première connaissance[2]. » Si quelqu'un a la faculté de former en son esprit une idée comme celle du triangle défini de la sorte, il serait vain de prétendre la lui enlever par la discussion, et je ne m'en chargerais pas. Tout ce que je veux, c'est que le lecteur s'assure pleinement du fait et sache s'il a une telle idée ou non. Ce n'est, ce me semble, une tâche bien pénible pour personne. Quoi de plus aisé que de regarder un peu dans ses propres pensées et de chercher si l'on a, si l'on peut parvenir à avoir, une idée qui corresponde à la définition que l'on vient de voir de l'idée générale d'un triangle, – qui n'est ni obliquangle, ni rectangle, ni équilatéral, ni isocèle, ni scalène, mais à la fois tous ces triangles et nul de ces triangles ?

14. Cet auteur s'étend sur la difficulté qu'entraînent les idées abstraites, sur la peine qu'il faut prendre et l'adresse qu'il faut avoir pour les former ; et on s'accorde de tous côtés à reconnaître qu'il est besoin d'un grand travail d'esprit pour détacher ses

pensées des objets particuliers et les élever aux sublimes spéculations qui ont trait aux idées abstraites. Il serait naturel d'en conclure, semble-t-il, qu'une chose aussi difficile que l'est la formation des idées abstraites n'est pas nécessaire pour *communiquer*, chose tellement simple et familière à toutes les sortes d'hommes. On nous dit que si ces idées paraissent à la portée des hommes faits, et aisées, c'est seulement qu'un usage constant et familier les leur a rendues telles ; mais je voudrais bien savoir en quel temps les hommes s'occupent de surmonter la difficulté en question, et de se mettre en possession de ces aides nécessaires du discours ? Ce ne peut être après qu'ils sont formés, puisqu'à ce moment ils ne s'aperçoivent pas qu'ils aient aucune peine de ce genre à prendre ; il reste donc que ce soit l'affaire de leur enfance. Et certes, ce grand et multiple travail qu'exige la construction des idées abstraites doit être une rude tâche pour cet âge tendre. N'est-ce pas dur à imaginer, que deux enfants ne puissent babiller entre eux, à propos de hochets et de bonbons, avant qu'ils aient mis en bloc d'innombrables incompatibilités, et construit de la sorte en leurs esprits des idées générales abstraites et annexé ces idées à chaque nom commun dont ils font usage ?

15. Et je ne crois ces idées en rien plus utiles pour *étendre la connaissance* que pour servir aux communications. On appuie beaucoup, je le sais, sur ce point, que toute connaissance et toute démonstration portent sur des notions universelles. Cela, je l'accorde pleinement. Mais je ne vois pas que ces notions soient formées par l'abstraction de la manière exposée plus haut. L'*universalité*, en effet, autant que je puis la comprendre, ne consiste pas dans la nature ou dans la conception positive, absolue, de quelque chose, mais bien dans la relation de l'universel aux objets particuliers qu'il signifie et représente. C'est en vertu

de cette relation que les choses, les noms et les notions, qui sont *particuliers* en leur nature propre, deviennent *universels*. Ainsi, quand je démontre une proposition sur les triangles, on suppose que j'ai en vue l'idée universelle d'un triangle : ce qu'il ne faut pas entendre en ce sens que je pourrais former l'idée d'un triangle qui ne serait ni équilatéral, ni scalène, ni isocèle ; mais, bien en ce sens que le triangle particulier que je considère, n'importe de quelle espèce il est, tient lieu de tous les triangles rectilignes quelconques et les représente également. C'est en ce sens-là qu'il est *universel*. Tout ceci me semble clair et entièrement exempt de difficultés.

16. Mais on demandera ici comment il nous est possible de savoir qu'une proposition est vraie de tous les triangles particuliers, à moins que nous n'en possédions la démonstration relative à l'idée abstraite d'un triangle qui convienne également à tous ? Car de ce qu'une propriété peut être démontrée comme appartenant à quelque triangle particulier, il ne suit point de là qu'elle appartienne également à un autre triangle qui n'est pas le même sous tous les rapports. Par exemple, si j'ai démontré que les trois angles d'un triangle rectangle isocèle sont égaux à deux angles droits, je n'en pourrai pas conclure que la même relation existe pour tous les autres triangles qui n'ont ni un angle droit ni doux de leurs côtés égaux entre eux. Il paraît donc que, pour être certain qu'une proposition est universellement vraie, nous devrions en donner pour chaque triangle particulier une démonstration particulière, ce qui est impossible, ou donner une démonstration une fois pour toutes, appliquée à l'idée abstraite d'un triangle, dont participent indifféremment tous les triangles particuliers, et par laquelle ils sont tous également représentés. – Je réponds à cette objection qu'encore que l'idée que j'ai en vue

lorsque je donne ma démonstration soit celle, par exemple, d'un triangle rectangle isocèle dont les côtés ont des grandeurs déterminées, je ne laisse pas de pouvoir être certain qu'elle s'étend à tous les autres triangles rectilignes, de quelques espèces ou grandeurs qu'ils se rencontrent. La raison de cela, c'est que ni l'angle droit, ni l'égalité des côtés, ni leurs longueurs, déterminées comme elles le sont, ne se trouvent intéressés dans la démonstration. Il est vrai que le diagramme que j'ai en vue renferme toutes ces particularités, mais il n'en est pas fait la moindre mention dans tout le cours de la preuve apportée de la proposition. Il n'est pas dit que les trois angles soient égaux à deux droits parce que l'un d'eux est droit, ou parce que les côtés qui le comprennent sont de la même longueur. Cela montre suffisamment que l'angle aurait pu être oblique au lieu d'être droit, et que les côtés auraient pu être inégaux, et qu'avec tout cela la démonstration subsisterait. Telle est la raison pour laquelle je conclus que ce que j'ai démontré du triangle particulier, rectangle, isocèle, est vrai du triangle obliquangle ou du scalène ; et ce n'est nullement parce que ma démonstration a porté sur l'idée abstraite d'un triangle[3].

17. Ce serait une besogne interminable aussi bien qu'inutile de suivre les scolastiques, ces grands maîtres de l'abstraction, dans les nombreux et inextricables labyrinthes de dispute et d'erreur où ils paraissent avoir été engagés par leur doctrine des notions et natures abstraites. Combien de querelles et de controverses, quelle savante poussière soulevée autour de ces sujets, et quel grand avantage est résulté de tout cela pour l'espèce humaine, ce sont choses aujourd'hui trop connues pour qu'il soit besoin d'insister. Passe encore si les mauvais effets de cette doctrine ne se fussent pas étendus plus loin que les gens qui en faisaient ouvertement profession. Quand on songe à tant de

travail, d'activité et de talent qui ont été consacrés pendant de longs siècles à la culture et au progrès des sciences, et qu'on voit néanmoins la plus grande partie des sciences, la plus grande de beaucoup, restée dans l'incertitude et l'obscurité, livrée à des disputes qui semblent ne devoir jamais finir ; quand cette partie même de la connaissance qu'on regarde comme fondée sur les démonstrations les plus claires et les plus convaincantes renferme des paradoxes parfaitement inconciliables avec les entendements des hommes, et quand finalement une très petite portion de tout cet ensemble procure à l'humanité de réels avantages, ou quelque chose de plus que de l'amusement et des distractions innocentes ; quand, dis-je, on pense sérieusement à tout cela, on doit se sentir porté au découragement et tenté de prendre en mépris toutes les études. Mais cet état de choses peut changer à la suite d'un examen et d'une reconnaissance des faux principes qui sont arrivés à dominer dans le monde. Entre tous il n'en est aucun dont l'empire me paraisse s'étendre plus loin et plus profondément sur les pensées des hommes de spéculation que le principe des idées générales *abstraites.*

18. Je passe à examiner la *source* de cette notion régnante ; c'est, je pense, le langage. Et assurément il faut qu'elle tienne à quelque chose dont l'étendue ne le cède point à celle de la raison elle-même, pour nous expliquer une opinion si universellement répandue. Entre autres motifs d'admettre cette source, nous avons le franc aveu des plus habiles défenseurs des idées abstraites, car ils reconnaissent que leur destination est de nommer. Il résulte clairement de là que, s'il n'existait pas telle chose que la parole, ou les signes universels, on n'aurait jamais pensé le moins du monde à l'abstraction. Voyez l'*Essai sur l'entendement humain*, I. III, chap. VI, § 39 et autres passages.

Cherchons donc de quelle manière les mots ont causé originairement la méprise.

Premièrement, on croit que tout nom a ou doit avoir une signification unique, fixe et précise ; et par là on est enclin à penser qu'il existe certaines idées déterminées abstraites qui constituent la seule et véritable signification immédiate de chaque nom général ; et que c'est par l'intermédiaire de ces idées abstraites qu'un nom général en vient à signifier une chose particulière. Mais, au vrai, il n'existe rien de tel qu'une signification définie et précise annexée à chaque nom général : ils signifient tous indifféremment un grand nombre d'idées particulières. C'est ce qui suit évidemment de ce qu'on a dit ci-dessus, et chacun s'en rendra aisément compte avec un peu de réflexion. On objectera que tout nom qui a une définition est par là même astreint à une certaine signification ; un triangle, par exemple, étant défini une surface plane comprise entre trois lignes droites, ce nom de triangle est ainsi limité pour désigner une certaine idée et non pas une autre. Je réponds qu'il n'est point dit dans la définition que la surface soit grande ou petite, noire ou blanche, ni si les côtés sont longs ou courts, égaux ou inégaux, ni de quels angles ils sont inclinés les uns sur les autres ; et comme il peut y avoir en tout cela de grandes variétés, il n'y a point en conséquence d'idée unique et fixe qui limite la signification du mot triangle. Autre chose est d'affecter constamment un nom à la même définition, autre de le prendre pour représenter partout la même idée. Le premier procédé est nécessaire, le second est inutile et impraticable.

19. Mais pour mieux expliquer la manière dont les mots arrivent à produire la doctrine des idées abstraites, il faut remarquer que c'est une opinion reçue que le langage n'a point d'autre

fin que de servir à la communication de nos idées, et que tout nom significatif représente une idée. La chose étant ainsi, et vu qu'il est d'ailleurs certain que des noms qu'on ne regarde pas comme entièrement insignifiants ne désignent pourtant pas toujours des idées concevables particulières, on en conclut aussitôt qu'ils représentent des idées abstraites. Qu'il y ait beaucoup de noms en usage parmi les hommes spéculatifs, qui ne suggèrent pas toujours aux autres des idées particulières déterminées, ou même, à vrai dire, qui n'en suggèrent d'aucune sorte, c'est ce que personne ne niera. Et un peu d'attention nous montre qu'il n'est point nécessaire (même dans les raisonnements les plus exacts) que les noms significatifs qui représentent des idées excitent dans l'entendement, toutes les fois qu'ils sont employés, ces idées que leur fonction est de représenter. En effet, on se sert en très grande partie des noms, soit en lisant, soit en discourant, comme on fait des lettres en algèbre, lesquelles désignent respectivement des quantités particulières, sans qu'on soit obligé pour cela, et pour procéder correctement, de penser à chaque instant, à propos de chaque lettre, à la quantité particulière qu'elle est appelée à représenter.

20. De plus, la communication des idées marquées par les mots n'est pas la seule ni la principale fin du langage, ainsi qu'on le suppose communément. Il y en a d'autres, comme d'éveiller une passion, de porter à une action ou d'en détourner, de mettre l'esprit dans une disposition particulière. Pour ces dernières fins du langage, la communication de l'idée ne vient souvent qu'en sous-ordre, et quelquefois est omise entièrement quand elles peuvent être obtenues sans elle ; je crois que le cas n'est pas rare dans l'usage familier. Que le lecteur veuille bien réfléchir et se consulter : n'arrive-t-il pas fréquemment, quand on écoute ou

qu'on lit un discours, que les passions de la crainte, de l'amour, de la haine, de l'admiration, du mépris, ou d'autres encore, naissent immédiatement dans l'esprit, à la perception de certains mots sans que des idées s'y présentent en même temps ? Au début, sans doute, les mots peuvent avoir occasionné les idées propres à exciter ces émotions ; mais on reconnaîtra, si je ne me trompe, qu'après que le langage est une fois devenu familier, la perception des sons ou la vue des caractères ont pour accompagnement immédiat les passions qui n'étaient produites originairement que par l'intervention des idées ; et celles-ci sont alors omises. Ne pouvons-nous, par exemple, être affectés par la promesse qui nous est faite de quelque *bonne chose*, quoique nous n'ayons aucune idée de ce que c'est ? Ou n'est-ce pas assez qu'on nous menace d'un danger, pour que nous éprouvions de la crainte, quoique nous ne pensions à aucun mal particulier qui semble devoir nous atteindre, et que nous ne nous fassions cependant aucune idée du danger en abstrait ? Si l'on veut joindre quelque peu de réflexion personnelle à ce qui a été dit, on verra, je crois, évidemment, que les noms généraux s'emploient souvent conformément aux règles du langage, sans que celui qui parle les affecte à marquer des idées présentes à son esprit et qu'il voudrait faire naître, par leur moyen, dans l'esprit de celui qui écoute. Même les noms propres ne semblent pas toujours prononcés en vue de produire la représentation des individus qu'ils sont censés désigner. Par exemple, quand un savant de l'École m'assure qu'« Aristote a dit cela », tout ce que je comprends qu'il veut obtenir par là, c'est de me disposer à embrasser son opinion par l'effet de la déférence que la coutume a attaché à ce nom d'Aristote. Et c'est aussi ce qui a lieu instantanément chez les esprits habitués à soumettre leur jugement à l'esprit de ce philosophe. Il est clair que nulle idée de sa personne, de ses écrits ou de sa réputation ne se présente avant celle-là, [tant la connexion est étroite et immédiate, que la coutume peut établir entre ce mot même : Aristote, et les mouvements d'assentiment et de respect dans les esprits de certains hommes.] On peut donner d'innombrables exemples de ce fait ; mais pourquoi insister sur des choses que chacun confirmera certainement par sa propre expérience ?

21. Nous avons, je crois, montré l'impossibilité des idées abstraites, examiné ce que leurs plus habiles partisans ont dit en leur faveur, et essayé de faire voir qu'elles ne sont d'aucune utilité pour les fins auxquelles on les a regardées comme nécessaires. Enfin, nous les avons suivies en remontant jusqu'à leur source, qui paraît être évidemment le langage.

On ne saurait nier que les mots soient souverainement utiles, en ce que, par leur moyen, toute cette masse des connaissances acquises par les travaux accumulés des investigateurs de tous les siècles et de toutes les nations peut être mise sous les yeux et en la possession d'une simple personne. Mais la plus grande partie de la connaissance a été si étrangement embarrassée et obscurcie par l'abus des mots, par les modes généraux du discours qui ont servi à la transmettre, qu'il est presque permis de se demander si le langage a plus contribué à l'avancement des sciences qu'à leur retardement. Puisque l'entendement est sujet à ce point à se laisser tromper par les mots, je suis décidé à en faire dans mes recherches le moindre usage qu'il me sera possible[4] : quelques idées que j'aie à considérer, je tâcherai de me les représenter toutes nues, dans leur pureté, et de bannir de ma pensée, autant que j'en serai capable, ces noms qu'un long et constant usage leur a si étroitement liés. J'espère retirer de cette résolution les avantages suivants :

22. *Premièrement*, je suis sûr de m'affranchir de toutes les controverses purement verbales, espèces de mauvaises herbes dont la croissance a été le principal obstacle à la vraie et solide connaissance.

Secondement, j'ai là, ce semble, un moyen certain de me débarrasser du filet subtil des *idées abstraites,* qui a si misérablement entravé et embrouillé les esprits, et encore avec cette circonstance particulière que, plus un homme avait de finesse et de curiosité pour la recherche, plus il était exposé à être pris dans ce filet et à s'y voir engagé profondément et solidement retenu.

Troisièmement, aussi longtemps que je restreins mes pensées à mes idées propres, dépouillées des mots, je ne vois pas comment je pourrais être aisément trompé. Les objets que je considère, je les connais clairement et adéquatement. Je ne puis être déçu en pensant que j'ai une idée que je n'ai point. Il n'est pas possible que j'imagine que certaines de mes idées sont semblables ou dissemblables entre elles, quand elles ne le sont pas réellement. Pour discerner l'accord ou le désaccord entre mes idées, pour voir quelles idées sont renfermées dans une idée composée, et lesquelles ne le sont pas, rien de plus n'est requis qu'une perception attentive de ce qui se passe en mon entendement.

23. Mais tous ces avantages ne peuvent m'être assurés qu'autant que j'aurai complètement évité d'être induit en erreur par les mots ; et c'est ce que j'ose à peine me promettre, tant c'est chose difficile de dissoudre l'union des idées et des mots, si anciennement formée, et confirmée par une si longue habitude. La difficulté semble avoir été fortement accrue par la doctrine de

l'*abstraction*. Aussi longtemps, en effet, que les hommes ont cru que des idées *abstraites* étaient attachées aux mots, il ne faut pas s'étonner qu'ils aient pris des mots pour des idées, puisqu'il ne leur a pas été possible de laisser de côté le mot et de garder dans l'esprit l'idée *abstraite,* qui en elle-même est parfaitement inconcevable. Je crois voir là la principale raison pour laquelle ceux qui ont si fortement recommandé aux autres et mettre de côté tout emploi des mots dans leurs méditations, et de contempler leurs idées à l'état de pureté, ont manqué eux-mêmes à l'observation de cette règle. Dans ces derniers temps, plusieurs ont été frappés des opinions absurdes et des disputes vides de sens dont l'abus des mots a été la cause. Pour remédier à ce mal, ils nous conseillent judicieusement de porter notre attention sur les idées signifiées et de la détourner des mots qui les signifient. Mais quelque bon que puisse être un avis ainsi donné à autrui, il est clair qu'on ne s'y conforme pas suffisamment soi-même, tant que l'on pense que l'unique usage immédiat des mots est de signifier les idées, et que la signification immédiate de tout nom général est une idée abstraite déterminée[5].

24. Mais quand on a une fois reconnu que ce sont là des erreurs, il devient facile d'éviter de s'en laisser imposer par les mots. Celui qui sait n'avoir que des idées *particulières* ne s'intriguera pas inutilement pour découvrir et comprendre l'idée *abstraite* attachée à un nom. Et celui qui sait que les noms ne représentent pas toujours des idées s'épargnera la peine de chercher des idées là où il n'y a place pour aucune. Il serait donc à désirer que chacun fit tous ses efforts pour arriver à une vue claire des idées dont il aurait à s'occuper, les séparant de tout l'attirail et de l'embarras des mots qui contribuent tant à aveugler le jugement et diviser l'attention. C'est vainement que nous

portons notre vue jusque dans les cieux, et que nous cherchons à pénétrer dans les entrailles de la terre ; vainement que nous consultons les ouvrages des savants et que nous marchons sur les traces obscures de l'antiquité. Mais écartons seulement le rideau des mots et nous contemplerons l'arbre admirable de la connaissance, dont le fruit est excellent et à la portée de notre main.

25. Si nous ne prenons pas soin de soustraire les premiers principes de la connaissance aux embarras et aux illusions des mots, nous pouvons raisonner à l'infini sur les mots, en pure perte ; nous pouvons tirer conséquences sur conséquences, et n'en être pas plus avancés. Au contraire, plus nous irons et plus nous nous trouverons irrémédiablement perdus, enfoncés profondément dans les difficultés et dans l'erreur. Je supplie donc quiconque voudra lire les pages qui suivent de faire de mes mots l'occasion de sa propre pensée, et de tâcher de prendre en les lisant le même cours de pensées que j'ai pris en les écrivant. Il lui sera facile ainsi de reconnaître si ce que je dis est vrai ou faux. Il n'y aura pas pour lui le moindre danger d'être trompé par les mots dont je me sers, et je ne vois pas comment il pourrait être induit en erreur s'il s'applique à considérer ses propres idées à nu, sans déguisement.

---

1. Omis dans la seconde édition.
2. Livre IV, Chapitre VII, 9. – Nous nous servons, pour ce passage bien connu, de la traduction de Coste, en rétablissant seulement une phrase que ce traducteur a omise, celle dans laquelle Locke dit qu'une idée générale est une idée formée de parties contradictoires, quelque chose d'impossible. *(Note de Renouvier.)*
3. Le passage important qui suit a été ajouté par Berkeley, dans la 2e édition de son ouvrage : « Et ici, il faut reconnaître qu'un homme peut *considérer* une

figure simplement comme triangulaire sans se préoccuper de la nature de ses angles ou de la relation particulière qui existe entre ses côtés. Jusque-là, il a le pouvoir d'abstraire ; mais on ne prouvera jamais qu'en conséquence il puisse se former une *idée* abstraite et générale d'un triangle, idée composée d'éléments incompatibles. Et c'est encore de même que nous pouvons considérer Pierre jusque-là seulement qu'il est homme, ou jusque-là seulement qu'il est animal, sans pour cela nous former la susdite idée abstraite ou de l'homme ou de l'animal ; d'autant que tout ce qui est perçu n'est pas pris en considération. » (*Note de Renouvier.*)

4. On ne retrouve dans la 2e édition de Berkeley ni ce membre de phrase sur le *moindre usage possible* à *faire des mots,* ni le doute émis un peu plus haut sur la question de l'utilité des mots supérieure à leurs inconvénients. (Note *de Renouvier).*

5. C'est principalement Locke que Berkeley a en vue dans cette critique. Voyez l'*Essai sur l'entendement humain,* liv. III, chap. X et XI.(*Note de Renouvier.*)

1
ANALYSE RAISONNÉE DES PRINCIPES

Il est visible à quiconque porte sa vue sur les *objets de la connaissance humaine,* qu'ils sont ou des idées actuellement imprimées sur les sens, ou des idées perçues quand l'attention s'applique aux passions et aux opérations de l'esprit, ou enfin des idées formées à l'aide de la mémoire et de l'imagination, en composant, ou divisant, ou ne faisant simplement que représenter celles qui ont été perçues originairement suivant les manières qu'on vient de dire. Par la vue, j'ai les idées de la lumière et des couleurs, avec leurs différents degrés et leurs variations. Par le toucher, je perçois le dur et le mou, le chaud et le froid, le mouvement et la résistance, et tout cela plus ou moins, eu égard au degré ou à la quantité. L'odorat me fournit des odeurs, le palais des saveurs, et l'ouïe apporte des sons à l'esprit, avec toute leur variété de tons et de composition.

Et comme plusieurs de ces sensations sont observées en compagnie les unes des autres, il arrive qu'elles sont marquées d'un même nom, et du même coup réputées une même *chose.* Par exemple, une certaine couleur, une odeur, une figure, une consistance données, qui se sont offertes ensemble à l'observation, sont tenues pour une chose distincte, et le nom de *pomme* sert à la désigner. D'autres collections d'idées forment une pierre, un arbre, un livre, et autres pareilles choses sensibles, lesquelles étant agréables ou désagréables, excitent les passions de l'amour, de la haine, de la joie, de la peine, et ainsi de suite.

2. Mais outre toute cette variété indéfinie d'idées ou objets de connaissance, il y a quelque chose qui les connaît, qui les perçoit, et exerce différentes opérations à leur propos, telles que vouloir, imaginer, se souvenir. Cet être actif percevant est ce que j'appelle *esprit (mind, spirit), âme (soul)* ou *moi (myself)*. Par ces mots je n'entends aucune de mes idées, mais bien une chose entièrement distincte d'elles, en laquelle elles existent, ou, ce qui est la même chose, par laquelle elles sont perçues ; car l'existence d'une idée consiste à être perçue.

3. Que ni nos pensées, ni nos passions, ni les idées formées par l'imagination n'existent hors de l'esprit, c'est ce que chacun accordera. Pour moi, il n'est pas moins évident que les diverses sensations ou idées imprimées sur les sens, quelque mêlées ou combinées qu'elles soient (c'est-à-dire quelques objets qu'elles composent par leurs assemblages), ne peuvent pas exister autrement qu'en un esprit qui les perçoit. Je crois que chacun peut s'assurer de cela intuitivement, si seulement il fait attention à ce que le mot *exister* signifie, quand il s'applique aux choses sensibles. La table sur laquelle j'écris, je dis qu'elle existe : c'est-à-dire, je la vois, je la sens ; et si j'étais hors de mon cabinet, je dirais qu'elle existe, entendant par là que si j'étais dans mon cabinet, je pourrais la percevoir, ou que quelque autre esprit la perçoit réellement. « il y a eu une odeur », cela veut dire : une

odeur a été perçue ; « il y a eu un son » : il a été entendu ; « une couleur, une figure » : elles ont été perçues par la vue ou le toucher. C'est là tout ce que je puis comprendre par ces expressions et autres semblables. Car pour ce qu'on dit de l'existence absolue des choses qui ne pensent point, existence qui serait sans relation avec ce fait qu'elles sont perçues, c'est ce qui m'est parfaitement inintelligible. Leur *esse* consiste dans le *percipi,* et il n'est pas possible qu'elles aient une existence quelconque, hors des esprits ou choses pensantes qui les perçoivent.

4. C'est, il est vrai, une opinion étrangement dominante parmi les hommes, que les maisons, les montagnes, les rivières, tous les objets sensibles en un mot, ont une existence naturelle, ou réelle, distincte du fait qu'ils sont perçus par l'entendement. Mais quelque grande que soit l'assurance qu'on a dans ce principe, et quelle que soit l'étendue de l'assentiment que lui donne le monde, toute personne qui aura le courage de le mettre en question pourra, si je ne me trompe, reconnaître qu'il implique une contradiction manifeste. Que sont, en effet, les objets qu'on vient de mentionner, si ce n'est des choses que nous percevons par les sens ? Et que percevons-nous par les sens, si ce n'est nos propres idées ou sensations ? Et ne répugne-t-il pas évidemment que l'une quelconque d'entre elles, ou quelqu'une de leurs combinaisons existent non perçues ?

5. Si nous examinons cette opinion à fond, nous trouverons peut-être qu'elle dépend de la doctrine des idées *abstraites.* Car peut-il y avoir un procédé d'abstraction plus subtil que de distinguer l'existence des objets sensibles d'avec le fait d'être perçus, de manière à les concevoir existants non perçus ? La lumière et les couleurs, la chaleur et le froid, l'étendue et les figures, en un mot les choses que nous voyons et sentons, que sont-elles, qu'au-

tant de sensations, notions, idées, ou impressions sur les sens ? Et est-il possible de séparer, même par la pensée, aucune de ces choses d'avec la perception ? Pour ma part, je pourrais tout aussi aisément séparer une chose d'avec elle-même. Je peux, il est vrai, dans mes pensées, séparer ou concevoir à part les unes des autres des choses que peut-être je n'ai jamais perçues par mes sens ainsi divisées. J'imagine le tronc d'un corps humain sans les membres, ou je conçois l'odeur d'une rose sans penser à la rose elle-même. Jusque-là, je ne nierai pas que je ne puisse abstraire, s'il est permis d'user de ce mot *abstraction* en ne l'étendant qu'à la conception, par des actes séparés, d'objets tels qu'il soit possible qu'ils existent réellement ou soient effectivement perçus à part. Mais mon pouvoir d'imaginer ou de concevoir ne va pas au-delà de la possibilité de la réelle existence ou perception. Ainsi, comme il m'est impossible de voir ou sentir quelque chose sans en avoir une sensation effective, il m'est pareillement impossible de concevoir dans mes pensées une chose sensible ou un objet, distinct de la sensation ou perception que j'en ai. [En réalité, l'objet et la sensation sont la même chose et ne peuvent par conséquent s'abstraire l'un de l'autre.]

6. Il y a des vérités si claires et naturelles pour l'esprit qu'un homme n'a besoin que d'ouvrir les yeux pour les voir. Dans le nombre, je place cette importante vérité : que tout le chœur céleste et tout le mobilier de la terre, en un mot tous ces corps qui composent l'ordre puissant du monde ne subsistent point hors d'un esprit ; que leur *être* est d'être perçus ou connus ; que, par conséquent, du moment qu'ils ne sont pas effectivement perçus par moi, ou qu'ils n'existent pas dans mon esprit (*in my mind*), ou dans celui de quelque autre esprit créé (*created spirit*), il faut qu'ils n'aient aucune sorte d'existence, ou bien qu'ils existent

dans l'esprit (*mind*) de quelque Esprit (*Spirit*) éternel. Attribuer à quelqu'une de leurs parties une existence indépendante d'un esprit (*of a spirit*), cela est inintelligible et implique toute l'absurdité de l'abstraction. [Cette vérité doit éclater avec toute la lumière et l'évidence d'un axiome, si je peux seulement éveiller la réflexion du lecteur, et obtenir de lui qu'il se rende impartialement compte de ce qu'il entend lui-même, et qu'il porte sur ce sujet ses pensées libres, dégagées de la confusion des mots et de tous préjugés en faveur des erreurs reçues[1].]

7. D'après ce qui a été dit, il est évident qu'il n'y a pas d'autre substance que l'Esprit (*Spirit*) ou ce qui perçoit. Mais pour démontrer ce point plus clairement, considérons que les qualités sensibles sont couleur, figure, mouvement, odeur, goût, etc., c'est-à-dire des idées perçues par les sens. Pour une idée, exister en une chose non percevante, c'est une contradiction manifeste, car avoir une idée ou la percevoir c'est tout un ; cela donc en quoi la couleur, la figure, etc., existent, doit les percevoir. Il suit de là clairement qu'il ne peut y avoir de substance ou *substratum* non pensant de ces idées.

8. Mais, dira-t-on, quoique les idées elles-mêmes n'existent pas hors de l'esprit (*mind*), il peut y avoir des choses qui leur ressemblent et dont elles sont des copies ou images, lesquelles choses existent hors de l'esprit dans une substance non pensante. Je réponds qu'une idée ne peut ressembler à rien qu'à une idée ; une couleur, une figure, ne peuvent ressembler à rien qu'à une autre couleur ou figure. Si nous regardons seulement un peu dans nos propres pensées, nous trouverons qu'il nous est impossible de concevoir une ressemblance, si ce n'est entre nos idées. De plus, ces originaux supposés, ou choses externes, dont nos idées seraient des portraits ou représentations, je demande s'ils sont

eux-mêmes percevables ou non ? S'ils sont percevables, ils sont donc des idées, et nous avons gagné notre cause. Et si on dit qu'ils ne sont pas percevables, j'en appelle à qui que ce soit : y a-t-il de la raison à prétendre qu'une couleur est semblable à quelque chose d'invisible ? que le dur ou le mou sont semblables à quelque chose d'intangible ? Et ainsi du reste.

9. Il y en a qui distinguent entre qualités primaires et qualités *secondaires*. Par celles-là, ils entendent l'étendue, la figure, le mouvement, le repos, la solidité ou impénétrabilité, et le nombre ; par celles-ci, ils désignent toutes les autres qualités sensibles, telles que couleurs, sons, saveurs et autres pareilles. Ils reconnaissent que les idées de ce dernier genre ne sont pas des ressemblances de quelque chose d'existant hors de l'esprit, ou de non perçu ; mais ils soutiennent que nos idées des qualités premières sont les types ou images de choses qui existent hors de l'esprit, en une substance non pensante, qu'ils appellent Matière. Nous avons donc à entendre par Matière une substance inerte, privée de sentiment, dans laquelle l'étendue, la figure et le mouvement subsistent réellement. Mais il est évident, d'après ce que nous avons déjà montré, que l'étendue, la figure et le mouvement ne sont que des idées existant dans l'esprit, et qu'une idée ne peut ressembler qu'à une autre idée, et que par conséquent ni celle-là, ni leurs archétypes, ne peuvent exister en une substance non percevante. Il est clair d'après cela que la notion même de ce qu'on appelle Matière ou *substance corporelle* implique contradiction, en sorte qu'il ne me paraîtrait pas nécessaire d'employer beaucoup de temps à en faire ressortir l'absurdité. Mais voyant que l'opinion de l'existence de la matière semble avoir jeté de si profondes racines dans l'esprit des philosophes, et qu'elle mène tant de mauvaises conséquences à sa suite, j'aime mieux courir le

risque de la prolixité et de l'ennui que d'omettre rien de ce qui peut servir à la pleine découverte et à l'extirpation de ce préjugé.

10. Ceux qui assurent que la figure, le mouvement et les autres qualités primaires ou originelles existent hors de l'esprit, dans une substance non pensante, reconnaissent bien en même temps que les couleurs, les sons, la chaleur, le froid et autres pareilles qualités secondaires ne sont pas dans le même cas : ce sont, nous disent-ils, des sensations qui existent dans l'esprit seulement, et qui dépendent occasionnellement des différents volumes, contextures et mouvements des menues particules de la matière. Ils regardent ce point comme d'une vérité non douteuse et se croient en état de le démontrer sans réplique. Or, il est certain que si ces qualités originelles sont inséparablement unies aux autres qualités sensibles, si elles ne peuvent s'en abstraire, même dans la pensée, il doit s'ensuivre de là qu'elles n'existent, elles non plus, que dans l'esprit. Je désire donc que chacun y réfléchisse, et cherche s'il lui est possible, en s'y exerçant, de concevoir, par n'importe quelle abstraction de pensée, l'étendue et le mouvement d'un corps en dehors de toutes les autres qualités sensibles. Quant à moi, je vois évidemment qu'il n'est point en mon pouvoir de me former une idée d'un corps tendu et en mouvement, à moins de lui donner en même temps quelque couleur ou autre qualité sensible, de celles qui sont reconnues n'exister que dans l'esprit. En somme, l'étendue, la figure et le mouvement, séparés par abstraction de toutes les autres qualités, sont inconcevables. Là donc où les autres sont, celles-là doivent être aussi, à savoir dans l'esprit et nulle part ailleurs.

11. De plus, le *grand* et le *petit,* le *vite* et le *lent* n'existent pas hors de l'esprit, on l'accorde : ce sont de purs relatifs qui changent selon que varient la constitution ou la position des

organes des sens. L'étendue qui existe hors de l'esprit n'est donc ni grande, ni petite ; le mouvement n'est ni vite ni lent : c'est-à-dire qu'ils ne sont rien du tout. Mais on dira : il y a une étendue en général, un mouvement en général. – On le dira ; et c'est ce qui montre combien l'opinion de substances étendues et mobiles, existantes hors de l'esprit, dépend de cette étrange doctrine des *idées abstraites*. Et ici je ne puis m'empêcher de remarquer à quel point ressemble à la vieille notion tant ridiculisée de la *materia prima* d'Aristote et de ses sectateurs, la définition vague et indéterminée de la Matière, ou substance corporelle, où les philosophes modernes sont conduits par leurs principes. Sans l'étendue, la solidité ne peut se concevoir ; mais puisqu'on a montré que l'étendue n'existe pas dans une substance non pensante, il doit en être de même de la solidité.

12. Le nombre est entièrement la créature de l'esprit. On conviendra qu'il en est ainsi, alors même qu'on admettrait que les autres qualités peuvent exister hors de lui, si l'on veut seulement considérer qu'une même chose porte différentes dénominations numériques selon que l'esprit l'envisage sous différents rapports. C'est ainsi que la même étendue est un, trois ou trente-six, suivant que l'esprit la rapporte au yard, au pied ou au pouce. Le nombre est si visiblement relatif, et dépendant de l'entendement, qu'il est étrange de penser que quelqu'un lui attribue une existence indépendante, hors de l'esprit. Nous disons : *un* livre, *une* page, *une* ligne, etc. ; toutes ces choses sont également des unités, et pourtant certaines d'entre elles contiennent plusieurs des autres. Il est clair que dans chaque cas les unités se rapportent à une combinaison particulière d'idées que l'esprit assemble *arbitrairement*.

13. Je sais que, suivant quelques-uns, l'unité serait une idée

simple, sans composition, accompagnant toutes les autres idées dans l'esprit. Mais je ne constate pas que je possède une telle idée répondant au mot *unité*. Si je la possédais, il me semble que je ne pourrais manquer de la trouver ; et même elle serait la plus familière de toutes à mon entendement, puisqu'on dit qu'elle accompagne toutes les autres idées, et qu'elle est perçue par toutes les voies de la sensation et de la réflexion. Pour le faire bref, c'est une *idée abstraite*.

14. J'ajouterai maintenant que, de la manière même dont les philosophes modernes prouvent que certaines qualités sensibles n'ont pas d'existence dans la matière, ou hors de l'esprit, on peut prouver que les autres qualités sensibles quelconques sont dans le même cas. Ainsi, l'on dit que le chaud et le froid sont des affections données dans l'esprit seulement, et non point du tout des types de choses réelles existant dans les substances corporelles qui les excitent, par cette raison que le même corps qui paraît froid à une main paraît chaud à l'autre. D'après cela, pourquoi ne pas arguer aussi bien, pour prouver que la figure et l'étendue ne sont pas des types ou ressemblances de qualités existant dans la Matière, de ce que le même œil, pour des stations différentes, ou des yeux de différentes structures, pour une même station, les voient varier, de sorte qu'elles ne peuvent être les images de quelque chose de fixe et de déterminé hors de l'esprit ? Ou encore : il est prouvé que le doux n'est pas dans le corps sapide, attendu que, sans aucun changement dans ce corps, le doux devient amer, comme dans un cas de fièvre ou d'altération quelconque de l'organe du goût : n'est-il pas tout aussi raisonnable de dire que le mouvement n'est pas hors de l'esprit, puisque, si la succession des idées dans l'esprit devient plus rapide, il est reconnu que le mouvement paraît plus lent,

sans qu'il y ait aucune modification survenue en un objet externe ?

15. Bref, qu'on examine les arguments qu'on croit manifestement bons pour prouver que les couleurs et les saveurs existent seulement dans l'esprit, on trouvera qu'on peut les faire valoir avec la même force pour l'étendue, la figure et le mouvement. Sans doute on doit convenir que cette manière d'argumenter ne démontre pas tant ceci : qu'il n'y a point étendue ou couleur dans un objet externe, qu'elle ne démontre que nos sens ne nous apprennent point quelles sont la vraie étendue ou la vraie couleur de l'objet. Mais les arguments qui ont été présentés auparavant montrent pleinement l'impossibilité qu'une étendue, une couleur, ou toute autre qualité sensible existent dans un sujet non pensant, hors de l'esprit ; ou, à vrai dire, l'impossibilité qu'il y ait telle chose qu'un objet externe.

16. Mais examinons un peu l'opinion reçue. On dit que l'étendue est *un mode* ou *accident* de la Matière, et que la Matière est le *substratum* qui la supporte. Mais je voudrais qu'on m'expliquât ce qu'on entend par ce *support* de l'étendue par la Matière. Je n'ai pas, me direz-vous, l'idée de la Matière, et par conséquent je ne puis l'expliquer. Je réponds qu'encore que vous n'en ayez pas une idée positive, si vous attachez un sens quelconque à ce que vous dites, vous devez au moins en avoir une idée relative ; si vous ignorez ce qu'elle est, il faut supposer que vous savez quelle relation elle soutient avec ses accidents, et ce que vous entendez quand vous dites qu'elle les supporte. Il est évident que « support » ne peut point être pris dans le sens usuel ou littéral, comme quand nous parlons de piliers qui supportent une bâtisse. Comment donc faut-il comprendre ce mot ? [Pour

ma part je suis incapable de découvrir aucun sens qui lui soit applicable.]

17. Si nous nous enquérons de ce que les philosophes les plus exacts ont eux-mêmes déclaré qu'ils entendaient par *substance matérielle*, nous trouverons qu'ils reconnaissent eux-mêmes n'attacher d'autre sens à ces mots que celui d'Être en général, en y joignant la notion relative de support des accidents. L'idée générale de l'Être me paraît à moi plus abstraite et plus incompréhensible qu'aucune autre, et, pour ce qui est de sa propriété de supporter les accidents, elle ne peut, je l'ai déjà remarqué, se comprendre avec la signification commune des mots ; il faut donc qu'on les entende autrement ; mais de quelle manière, ils ne nous l'expliquent pas. Aussi, quand je considère ces deux parties ou faces du sens composé des termes de *substance matérielle,* je suis convaincu qu'aucune signification distincte ne leur est attachée. Mais pourquoi nous inquiéterions-nous davantage d'une discussion portant sur ce *substratum* matériel, ou support de la figure, du mouvement et des autres qualités sensibles ? Ne suppose-t-il pas que ces qualités ont une existence hors de l'esprit, et n'est-ce pas là quelque chose de directement contradictoire et d'entièrement inconcevable ?

18. Mais quand même il serait possible que des substances solides, figurées, mobiles, existassent hors de l'esprit, en correspondance avec les idées que nous avons des corps, comment nous est-il possible de le savoir ? Ce ne peut être que par les Sens ou par la liaison. Mais par nos sens, nous n'avons connaissance que de nos sensations, de nos idées ou de ces choses qui sont immédiatement perçues, qu'on les nomme comme on voudra : ils ne nous informent nullement de l'existence de choses hors de l'esprit,

ou non perçues, semblables à celles qui sont perçues. Les matérialistes eux-mêmes reconnaissent cette vérité. – Il reste donc, si nous avons quelque connaissance des choses externes, que ce soit par la raison, en inférant leur existence de ce qui est immédiatement perçu par les sens. Mais je ne vois point quelle raison peut nous porter à croire à l'existence de corps hors de l'esprit, à savoir induite de ce que nous percevons, quand les avocats de la Matière eux-mêmes ne prétendent pas qu'il y ait une connexion nécessaire entre ces corps et nos idées. Tout le monde avoue (et ce qu'on observe dans les songes, le délire, etc., met le fait hors de doute) que nous pouvons être affectés des mêmes idées que nous avons maintenant, et cela sans qu'il y ait au dehors des corps qui leur ressemblent. Il est évident par là que la supposition des corps externes n'est point nécessaire pour la production de nos idées, puisqu'on accorde qu'elles sont quelquefois produites, et pourraient peut-être l'être toujours, dans le même ordre où nous les voyons actuellement, sans le concours de ces corps.

19. Mais peut-être, quoiqu'il nous fût possible d'avoir toutes nos sensations sans eux, on regardera comme plus aisé de concevoir et d'expliquer la manière dont elles se produisent, en supposant des corps externes qui soient à leur ressemblance, qu'on ne le ferait autrement ; et, en ce cas, il serait au moins probable qu'il y a telles choses que des corps, qui excitent leurs idées en nos esprits. Mais cela non plus ne saurait se soutenir ; car si nous concédons aux matérialistes leurs corps extérieurs, de leur propre aveu ils n'en sont pas plus avancés pour savoir comment nos idées sont produites. Ils se reconnaissent eux-mêmes incapables de comprendre comment un corps peut agir sur un esprit (*spirit*) ou comment il est possible qu'il imprime une idée dans l'esprit (*mind*). Il est donc clair que la production des idées ou sensations

dans nos esprits ne peut nous être une raison de supposer une Matière, ou des substances corporelles, puisque cette production, avec ou sans la supposition, demeure également inexplicable. Ainsi, fût-il possible que des corps existassent hors de l'esprit, tenir qu'il en existe en effet de tels, ce doit être nécessairement une opinion très précaire. C'est supposer, sans la moindre raison, que Dieu a créé des êtres innombrables qui sont entièrement inutiles et ne servent à aucune sorte de dessein.

20. En résumé, s'il y avait des corps externes, il est impossible qu'ils vinssent jamais à notre connaissance ; et, s'il n'y en avait pas, nous pourrions avoir exactement les mêmes raisons que nous avons maintenant de penser qu'il y en a. Supposez – ce dont personne ne contestera la possibilité – qu'une intelligence (*an intelligence*), sans le secours des corps externes, soit affectée de la même suite de sensations ou idées qui vous affectent, et que celles-ci soient imprimées dans le même ordre, et avec la même vivacité dans son esprit (*in his mind*) : je demande si cette intelligence n'aurait pas toutes les mêmes raisons que vous pouvez avoir pour croire à l'existence de Substances corporelles représentées par ses idées et les excitant dans son esprit ? Ceci ne saurait être mis en question, et cette seule considération suffirait pour inspirer à toute personne raisonnable des doutes sur la validité des arguments, quels qu'ils soient, qu'elle penserait avoir en faveur de l'existence des corps hors de l'esprit.

21. S'il était nécessaire d'ajouter de nouvelles preuves contre l'existence de la Matière, après ce qui a été dit, je pourrais mettre en avant les erreurs et les difficultés (pour ne pas parler des impiétés) qui sont nées de cette opinion. Elle a occasionné en philosophie de nombreuses controverses et disputes, et plus d'une aussi, de beaucoup plus grande importance, en religion.

Mais je n'entrerai pas dans tout ce détail en cet endroit, tant parce que je crois les arguments *a posteriori* inutiles pour confirmer ce que j'ai, si je ne me trompe, suffisamment démontré *a priori,* que parce que j'aurai plus loin l'occasion de parler de quelques-uns.

22. Je crains d'avoir donné lieu à un reproche de prolixité en traitant ce sujet. À quoi sert, en effet, de délayer ce qui a été démontré avec la dernière évidence en une ligne ou deux, pour quiconque est capable de la moindre réflexion ? C'est assez que vous regardiez dans vos propres pensées, et que vous vous mettiez à l'épreuve pour découvrir si vous êtes capables de concevoir cela possible : qu'un son, une figure, un mouvement, une couleur existent hors de l'esprit, ou non perçus. Cette épreuve facile vous fera peut-être apercevoir que l'opinion que vous soutenez est en plein une contradiction. C'est tellement vrai que je consens à faire dépendre tout le litige de ce seul point : si vous pouvez comprendre la possibilité qu'une substance étendue et mobile, ou en général une idée, ou quelque chose de semblable à une idée, existe autrement qu'en un esprit qui la conçoit, je suis prêt à vous donner gain de cause. Et quant à tout le système des corps externes que vous défendez, je vous en accorderai en ce cas l'existence, encore que vous ne puissiez m'alléguer aucune raison que vous ayez d'y croire, ni m'apprendre à quoi ils peuvent être utiles, à supposer qu'ils existent. Je dis que la pure possibilité que vos opinions soient vraies, passera pour un argument prouvant qu'elles le sont.

23. Mais, dites-vous, sûrement il n'y a rien qui me soit plus aisé que d'imaginer des arbres dans un parc, par exemple, ou des livres dans un cabinet, et personne à côté pour les percevoir. Je réponds : vous le pouvez, cela ne fait point de difficulté ; mais

qu'est cela, je le demande, si ce n'est former dans votre esprit certaines idées que vous nommez livres et arbres, et en même temps omettre de former l'idée de quelqu'un qui puisse les percevoir ? Mais vous-même ne les percevez-vous pas, ou ne les pensez-vous pas pendant ce temps ? Ceci ne fait donc rien à la question : c'est seulement une preuve que vous avez le pouvoir d'imaginer ou former des idées dans votre esprit, mais non pas que vous pouvez concevoir la possibilité que les objets de votre pensée existent hors de l'esprit. Pour en venir à bout, il est indispensable que vous conceviez qu'ils existent non conçus, ou non pensés, ce qui est une contradiction manifeste. Quand nous faisons tout notre possible pour concevoir l'existence des corps externes, nous ne faisons tout le temps que contempler nos propres idées. Mais l'esprit ne prenant pas garde à lui-même, s'illusionne, et pense qu'il peut concevoir, et qu'il conçoit en effet, des corps existants non pensés, ou hors de l'esprit, quoique en même temps ils soient saisis par lui et existent en lui. Avec un peu d'attention chacun reconnaîtra la vérité et l'évidence de ce qui est dit ici. Il n'est donc pas nécessaire d'insister et d'apporter d'autres preuves contre l'existence de la *substance matérielle*.

24. [Si les hommes pouvaient s'empêcher de s'amuser aux mots, nous pourrions, je crois, arriver promptement à nous entendre sur ce point.] Il est très aisé de s'assurer par la moindre investigation portant sur nos propres pensées, s'il est ou non possible pour nous de comprendre ce que signifie une *existence absolue des objets sensibles en eux-mêmes ou hors de l'esprit*. Pour moi, il est évident que ces mots expriment une contradiction directe, ou qu'ils n'expriment rien du tout. Et pour convaincre autrui qu'il en est bien ainsi, je ne sais pas de moyen meilleur ou plus facile que de prier chacun de porter tranquillement son

attention sur ses propres pensées. Si, dans ce cas, le vide ou l'impossibilité de ces expressions vient à ressortir, il ne faut rien de plus pour opérer la conviction. C'est donc sur ceci que j'insiste : à savoir que les mots « existence absolue de choses non pensantes » ou sont dénués de sens, ou impliquent contradiction. C'est ce que je répète, et que je cherche à inculquer, et que je recommande instamment aux pensées attentives du lecteur.

25. Toutes nos idées, sensations, notions, ou les choses que nous percevons, à l'aide de quelques noms qu'on puisse les distinguer, sont visiblement inactives ; elles n'enferment nul pouvoir ou action. Ainsi une idée, un objet de pensée, ne peut produire ou amener un changement dans une autre idée. Pour s'édifier pleinement sur cette vérité, il ne faut rien de plus que la simple observation de nos idées. Car, puisque toutes et toutes leurs parties sans exception existent seulement dans l'esprit, il s'ensuit qu'il n'y a rien en elles que ce qui est perçu ; or quiconque examinera attentivement ses idées, qu'elles soient des sens ou de la réflexion, n'y apercevra ni pouvoir ni activité : il n'y a donc rien de tel en elles. Avec un peu d'attention, nous découvrirons que l'être même d'une idée implique en elle passivité et inertie, en sorte qu'il est impossible qu'une idée fasse quelque chose, ou, à strictement parler, soit la cause de quelque chose. Une idée ne peut non plus être la ressemblance ou le type d'un être actif ; c'est ce qui résulte de ce qu'on a dit (§ 8, ci-dessus). Il s'ensuit de là clairement que l'étendue, la figure et le mouvement ne peuvent être la cause de nos sensations. Lors donc que l'on dit qu'elles sont les effets de pouvoirs résultant de la configuration, du nombre, du mouvement et de la grandeur des corpuscules, on doit être certainement dans le faux.

26. Nous percevons une succession continuelle d'idées : les

unes sont excitées à nouveau, d'autres sont changées ou disparaissent en entier. Il y a donc quelque cause de ces idées, de laquelle elles dépendent, qui les produit et qui les change. Suivant ce qui a été dit dans la section précédente, cette cause ne peut être aucune qualité, ou idée, ou combinaison d'idées.

Il faut donc que ce soit une substance ; mais on a montré qu'il n'y a pas de substance corporelle, ou matérielle ; il reste donc que la cause des idées soit une substance incorporelle active, un Esprit (*Spirit*).

27. Un Esprit est un être actif, simple, sans division : en tant qu'il perçoit les idées, on l'appelle l'*entendement* ; et en tant qu'il les produit, ou opère sur elles, la *volonté*. D'après cela, on ne peut former aucune *idée* d'une *âme,* ou *esprit*, car, toutes les idées possibles étant passives et inertes (voir § 25), elles ne sauraient représenter en nous, par le moyen de la ressemblance et des images, ce qui agit. Un peu d'attention rendra évident à quiconque qu'il est absolument impossible d'avoir une idée qui porte la ressemblance de ce principe actif de mouvement et de changement des idées. Telle est la nature de l'esprit, ou de ce qui agit, qu'il ne peut être perçu par lui-même, mais seulement par les effets qu'il produit. Si quelqu'un doute de la vérité de ce qui est avancé ici, qu'il réfléchisse seulement, et qu'il essaie, s'il se peut, de se former l'idée d'un pouvoir ou être actif quelconque. Qu'il se demande s'il a des idées des deux principaux pouvoirs, désignés par les noms de *volonté* et d'*entendement* ; s'il les a distinctes l'une de l'autre, aussi bien que d'une troisième idée : l'idée de Substance ou Être en général, avec une notion relative de sa propriété de supporter les susdits pouvoirs, d'en être le sujet. Car c'est cela qu'on entend par le nom d'*âme* ou *esprit*. Quelques-uns tiennent qu'il en est ainsi ; mais, autant que je puis

voir, les mots *volonté [entendement, esprit (mind)]*, *âme, esprit (spirit)* ne se rapportent pas à différentes idées, et, à vrai dire, ne se rapportent à aucune idée, mais à quelque chose de très différent des idées, et qui, en qualité d'agent, ne peut ressembler à aucune, ni être représenté par aucune. < En même temps, il faut avouer cependant que nous avons une *notion* de l'âme, de l'esprit (*spirit*), et des opérations de l'esprit (*mind*), telles que vouloir, aimer, haïr, puisque nous connaissons ou comprenons la signification de ces mots.[2] >

28. Je constate que je puis exciter à mon gré des idées dans mon esprit, changer et varier la scène aussi souvent que je le trouve bon. Il ne faut que vouloir, aussitôt telle ou telle idée s'élève dans ma fantaisie ; et le même pouvoir fait qu'elle s'efface et cède la place à une autre. Ce faire et défaire des idées est ce qui mérite très justement à l'esprit la qualification d'actif. Tout cela est certain, l'expérience en est le fondement ; mais quand nous parlons d'agents non pensants, ou d'une excitation des idées sans qu'aucune volition intervienne, nous ne faisons que nous amuser avec des mots.

29. Mais quelque pouvoir que j'exerce sur mes propres pensées, je reconnais que les idées perçues actuellement par mes sens ne sont pas ainsi dépendantes de ma volonté. Quand j'ouvre les yeux en plein jour, il n'est pas en mon pouvoir de voir ou ne pas voir, non plus que de déterminer les différents objets qui se présenteront à ma vue ; et il en est de même de l'ouïe et des autres sons : les idées dont ils reçoivent l'impression ne sont pas des créatures de ma volonté. Il y a donc quelque *autre* Volonté ou Esprit qui les produit.

30. Les idées des sens sont plus fortes, vives et distinctes que celles de l'imagination. Elles ont aussi une fermeté, un ordre, une

cohérence, et ne sont point excitées au hasard, comme c'est souvent le cas pour celles qui sont des effets des volontés humaines. Elles se produisent, au contraire, en une série ou chaîne régulière dont l'admirable agencement prouve assez la sagesse et la bienveillance de leur Auteur. Or les règles fixées ou méthodes établies, moyennant lesquelles l'Esprit (*the Mind*) dont nous dépendons excite en nous les idées des sens, se nomment les *lois de la nature*. Celles-là, nous les apprenons par l'expérience qui nous enseigne que telles et telles idées sont accompagnées de telles et telles autres idées dans le cours ordinaire des choses.

31. Nous tirons de là une sorte de prévision qui nous permet de régler nos actions pour l'utilité de la vie. Autrement nous serions perpétuellement désemparés, ne sachant comment agir pour nous procurer le moindre plaisir, ou pour éloigner la moindre douleur. Que les aliments nourrissent, que le sommeil restaure les forces, et que le feu nous brûle ; que de semer au temps des semailles est le moyen de recueillir au temps de la moisson, et en général que tels et tels moyens mènent à telles et telles fins, nous ne découvrons rien de tout cela à l'aide d'une connexion nécessaire de nos idées, mais uniquement par l'observation des lois établies de la nature. Au défaut de ces lois nous serions entièrement jetés dans l'incertitude et la confusion, et l'homme fait ne serait pas plus en état de se diriger que l'enfant qui vient de naître.

32. Et cependant cette oeuvre uniforme et si bien liée, dans laquelle se déploient avec tant d'évidence la bonté et la sagesse de l'Esprit qui gouverne et de qui la Volonté constitue les lois de la nature, il s'en faut tellement qu'elle dirige vers Lui nos pensées, que, tout au contraire, elle semble les faire dévier vers

les causes secondes. Car, quand nous percevons certaines idées sensibles, constamment suivies par d'autres idées, et que nous reconnaissons que l'opération n'est point de nous, nous nous hâtons d'attribuer le pouvoir et l'action aux idées elles-mêmes, et de les prendre pour causes les unes des autres ; ce qui de toutes les choses est la plus absurde et la plus inintelligible. Si, par exemple, nous avons observé que, percevant à l'aide de la vue une certaine figure lumineuse ronde, nous percevons en même temps, à l'aide du toucher, l'idée ou sensation appelée chaleur, nous concluons de là que le soleil est la cause de la chaleur. Et de même en observant que le mouvement et le choc des corps sont accompagnés d'un son, nous sommes portés à penser que ce dernier est l'effet des autres qui le précèdent.

33. Les idées imprimées sur les sens par l'Auteur de la nature s'appellent des *choses réelles ;* et celles qui sont excitées dans l'imagination, et qui sont moins régulières, moins vives, moins constantes, s'appellent plus proprement *idées* ou *images des choses* dont elles sont des représentations et des copies. Mais nos sensations, pour vives et distinctes qu'elles soient, ne laissent pas d'être des idées, c'est-à-dire d'exister dans l'esprit et d'y être perçues, aussi véritablement que les idées que nous formons nous-mêmes. On accorde que les idées des sens ont plus de réalité, c'est-à-dire qu'elles sont plus fortes, plus cohérentes et ordonnées que les créatures de l'esprit (*mind*) ; mais ce n'est point une raison pour qu'elles existent hors de l'esprit (*mind*). Elles sont aussi moins dépendantes de l'esprit (*spirit*) ou substance pensante qui les perçoit, attendu qu'elles sont excitées par la volonté d'un autre et plus puissant esprit (*spirit*). Cependant ce sont toujours des *idées*, et certainement une idée, qu'elle

soit faible ou qu'elle soit forte, ne peut exister autrement qu'en un esprit (*mind*) qui la perçoit.

---

1. Seconde édition : « Pour en être convaincu, le lecteur n'a qu'à réfléchir, et à essayer de séparer dans sa propre pensée, l'existence d'une chose sensible et le *fait* qu'elle *est perçue*. »
2. Cette dernière phrase ne se trouve que dans la seconde édition.

2

RÉPONSES AUX OBJECTIONS

Avant d'aller plus loin il faut que nous nous occupions de répondre aux objections qui doivent probablement se présenter contre les principes que nous avons établis jusqu'ici. En m'acquittant de cette tâche, si je semble trop prolixe à des lecteurs de vive intelligence, je les prie de m'excuser ; car tous les hommes ne saisissent pas avec une égale facilité les choses de cette nature, et je voudrais être compris de tous.

Premièrement, donc, on objectera que suivant les principes précédents, tout ce qu'il y a de réel et de substantiel dans la nature se trouve banni du monde, et remplacé par un système chimérique d'*idées*. Toutes les choses qui existent n'existent que dans l'esprit, c'est-à-dire sont du genre des pures notions. Que deviennent ainsi le soleil, la lune et les étoiles ? Que devons-nous penser des maisons, des rivières, des montagnes, des arbres, des pierres, et quoi ! de nos propres corps ? Sont-ce donc là autant de chimères et d'illusions, œuvre de la fantaisie ? À tout cela et à tout ce qu'on peut objecter de la même sorte, je réponds que les principes ci-dessus ne nous dépossèdent d'aucune chose au monde. Tout ce que nous voyons, entendons, sentons, et tout ce que nous concevons ou comprenons de façon quelconque, demeure aussi sûr que jamais, est aussi réel que jamais. Il existe une *rerum natura ;* la distinction entre les réalités et les chimères conserve toute sa force. C'est ce qui résulte évidemment des §§ 29, 30 et 33, où nous avons montré ce que signifient ces mots : *choses réelles*, par opposition aux *chimères* ou idées de notre propre composition. Elles n'en existent pas moins dans l'esprit, les unes et les autres, et, en ce sens, elles sont toutes pareillement des *idées*.

35. Je ne raisonne contre l'existence d'aucune chose que nous puissions saisir par les sens ou par la réflexion. Que les choses que je vois avec mes yeux et que je touche avec mes mains existent, qu'elles existent réellement, je ne le mets pas le moins du monde en question. L'unique chose dont je nie l'existence est celle que *les philosophes* appellent Matière ou substance corporelle. Et en cela je ne fais aucun tort au reste des hommes, qui, j'ose l'assurer, ne s'apercevront jamais qu'elle leur manque. Il est vrai que l'athée n'aura plus le prétexte du nom vide qui lui sert à soutenir son impiété ; et les philosophes pourront trouver qu'ils ont perdu là un grand sujet de disputes frivoles. [Mais c'est l'unique dommage que je puis voir qui en résulterait.]

36. Si quelqu'un pense que cette doctrine porte atteinte à l'existence ou à la réalité des choses, il est très loin de comprendre ce qui a été expliqué ci-dessus dans les termes les plus nets que je puisse imaginer. Prenons un résumé de ce que j'ai dit : – Il existe des substances spirituelles, des esprits ou âmes humaines, qui veulent ou excitent en elles à leur gré des

idées ; mais ces idées sont faibles et variables au regard de certaines autres, perçues par les sens, lesquelles, étant imprimées conformément à certaines règles ou lois de la nature, proclament elles-mêmes les effets d'un esprit (*mind*) plus puissant et plus sage que les esprits (*spirits*) des hommes. Ces dernières sont dites avoir en elles *plus de réalité* que les premières ; par quoi l'on entend qu'elles nous affectent plus vivement, sont plus régulières et distinctes, et ne sont pas des Actions de l'esprit qui les perçoit. En ce sens, le soleil que je vois pendant le jour est le soleil réel, et celui que j'imagine la nuit est l'idée de l'autre. Suivant le sens donné ici à la *réalité,* il est évident qu'un végétal, un minéral, une étoile, et généralement toute partie du système du monde est aussi bien un *être réel* dans nos principes que selon quelques principes que ce soit. Si d'autres entendent par ce mot *réalité* quelque autre chose que moi, je les prie de regarder dans leurs propres pensées et d'examiner.

37. On insistera : à tout le moins il est vrai, dira-t-on, que vous supprimez les substances corporelles. À ceci je réponds que, si ce mot *substance* est pris dans sa signification vulgaire, à savoir pour une *combinaison* de qualités sensibles, telles qu'étendue, solidité, poids, et autres semblables, on ne saurait m'en imputer la suppression. Mais s'il s'agit du sens philosophique, c'est-à-dire du support des accidents ou qualités hors de l'esprit, je reconnais que je le supprime ; si toutefois on peut dire qu'on supprime ce qui n'a jamais eu d'existence, même dans l'imagination.

38. Mais après tout, direz-vous, ne sont-ce pas des mots qui sonnent d'une façon choquante : dire que nous mangeons ou buvons des idées et que nous nous habillons avec des idées ? Je l'avoue ; mais c'est que le mot *idée* ne s'emploie pas dans le

langage ordinaire pour désigner les différentes combinaisons de qualités sensibles qu'on appelle des *choses* ; et il est certain que toute expression qui s'écarte du parler habituel et familier à tous paraîtra choquante et ridicule. Mais ceci ne regarde point la vérité de la proposition. En d'autres termes, celle-ci revient simplement à dire que nous sommes nourris et habillés avec ces choses que nous percevons immédiatement par nos sens. La consistance dure ou molle, la couleur, la saveur, la chaleur, la figure et autres semblables qualités qui forment par leurs combinaisons les différentes sortes de comestibles et de vêtements, on a fait voir qu'elles existent seulement dans l'esprit qui les perçoit ; et c'est là tout ce qu'on veut dire en les appelant des *idées* : un mot qui, s'il était employé ordinairement pour *choses*, ne sonnerait pas d'une façon plus choquante et ridicule que l'autre. Je ne dispute pas de la propriété de l'expression, mais de sa vérité. Si donc vous tombez d'accord avec moi, que nous mangeons, buvons et nous habillons avec les objets immédiats des sens, lesquels ne peuvent exister non perçus ou hors de l'esprit, je vous accorderai volontiers qu'il est plus convenable et plus conforme à l'usage de les appeler des *choses* que de les appeler des *idées*.

39. Si l'on me demande pourquoi je me sers du mot *idée*, au lieu de parler de *choses*, selon la coutume, je répondrai que j'ai pour cela deux raisons. La première, c'est que le terme de *chose*, par opposition à celui d'*idée*, est généralement pris pour désigner ce qui existerait hors de l'esprit ; et la seconde, que la signification de ce terme *idée* est moins compréhensive que celle de *chose* : les choses comprenant, non seulement les idées, mais encore les esprits (*spirits*), ou choses pensantes. Les objets des sens n'existent que dans l'esprit et sont dénués d'action et de

pensée, et je leur donne de préférence le nom d'*idées* pour marquer en eux cette propriété.

40. Mais quelque explication qu'on puisse donner, il se trouvera peut-être encore quelqu'un pour répliquer qu'il veut plutôt croire au témoignage de ses sens, et qu'il n'admettra jamais que des arguments, si plausibles soient-ils, prévalent contre leur certitude. Qu'il en soit donc ainsi. Affirmez l'évidence des sens aussi haut qu'il vous plaira. Je suis prêt à en faire autant. Ce que je vois, ce que j'entends, ce que je sens existe ; c'est-à-dire que je le perçois, et je n'en doute pas plus que de ma propre existence. Mais je ne vois point comment le témoignage des sens peut être allégué en preuve de l'existence de quelque chose qui n'est pas perçu par les sens. Je n'ai nul désir de porter qui que ce soit au scepticisme et de le faire douter de ses sens. Au contraire, j'accorde aux sens toute la force et toute la certitude imaginables, et il n'y a pas de principes plus opposés au scepticisme que ceux que j'ai établis. On le verra clairement dans la suite.

41. Secondement, on objectera que la différence est grande entre le feu réel, par exemple, et l'idée du feu, entre rêver ou imaginer qu'on se brûle, et se brûler effectivement. [Si vous soupçonnez que ce n'est que l'idée du feu, ce que vous voyez, portez-y la main, et vous trouverez un témoignage convaincant.] On peut attaquer nos doctrines par des arguments de ce genre. Ils ont tous évidemment leur réfutation dans ce qui a déjà été dit. J'ajouterai seulement ici que si le feu réel diffère beaucoup de l'idée du feu, la douleur réelle qu'il occasionne est aussi très différente de l'idée de cette même douleur, et cependant personne ne prétendra que la douleur réelle existe, ou qu'il soit possible qu'elle existe en une chose non percevante, ou hors de l'esprit ; pas plus que ne fait son idée.

42. Troisièmement, on objectera que nous voyons effectivement les choses hors de nous, à distance, et qu'elles ne peuvent par conséquent exister dans l'esprit, attendu qu'il est absurde que des choses que nous voyons à quelques milles de distance soient aussi près de nous que nos propres pensées. En réponse à ceci, je désire qu'on remarque qu'en rêve nous percevons des choses à de grandes distances de nous, et que pourtant nous reconnaissons tous bien que ces choses existent dans l'esprit seulement.

43. Mais pour l'éclaircissement de ce point, il est bon de considérer la manière dont nous percevons par la vue la distance et les choses placées à distance. Car il est vrai que nous voyons extérieurement et l'espace et les corps existants en réalité dans l'espace, les uns plus près, les autres plus loin, et cela semble en quelque façon contradictoire avec ce que nous avons dit, qu'ils n'existent nulle part en dehors de l'esprit. C'est l'examen de cette difficulté qui a donné lieu à mon *Essai sur une théorie nouvelle de la vision,* publié il n'y a pas longtemps. J'ai montré là que la distance ou extériorité n'est point perçue immédiatement d'elle-même par la vue ; que nous ne la saisissons pas, que nous n'en jugeons pas par des lignes ou des angles, ou par quoi que ce soit qui ait une connexion nécessaire avec elle ; mais qu'elle est uniquement suggérée à nos pensées par de certaines idées visibles, par des sensations qui accompagnent la vision, et qui, de leur nature, n'ont aucune espèce de similitude ou de relation ni avec la distance, ni avec les choses placées à distance. Ces sensations deviennent pour celles-ci des signes et moyens de suggestion vis-à-vis de nous, grâce à une connexion dont nous sommes instruits par l'expérience. C'est de cette même manière que les mots d'une langue suggèrent les idées qu'ils sont pris pour représenter. Si bien qu'un aveugle-né à qui la vue est rendue

ne saurait tout d'abord penser que les choses qu'il voit sont hors de son esprit ou situées à distance de lui. Voyez le § 41 du traité susmentionné.

44. Les idées de la vue et du toucher forment des espèces entièrement distinctes et hétérogènes. Celles-ci ont celles-là pour marques et pronostics. Que les objets propres de la vue n'existent pas hors des esprits et ne sont pas des images de choses externes, nous l'avons montré dans ce même traité (de la vision) ; seulement nous supposions alors qu'il en était tout autrement des *objets tangibles* : non pas que nous regardassions l'erreur vulgaire comme nécessaire pour la démonstration de notre thèse, mais parce qu'il n'était pas de notre sujet de l'examiner et de la réfuter dans un discours sur la *Vision*. Ainsi, en stricte vérité, les idées du genre de la vue, quand nous saisissons par leur moyen la distance et les choses placées à distance, ne marquent pas pour nous et ne nous suggèrent pas des choses effectivement existantes à distance, mais seulement nous apprennent quelles idées du genre du toucher seront imprimées en nos esprits, à tels et tels intervalles de temps, et en conséquence de telles et telles actions. Il résulte de ce que nous avons dit ci-dessus, ainsi que dans les §§ 147 et autres de l'*Essai sur la vision,* que les idées visibles sont le langage dont se sert l'Esprit qui gouverne, et de qui nous dépendons, pour nous informer des idées tangibles qu'il est dans le cas d'imprimer en nous selon que nous exciterions dans nos corps un mouvement ou un autre. Mais pour plus ample information sur ce point, je m'en réfère à l'*Essai.*

45. Quatrièmement, on objectera qu'il s'ensuit des principes précédents que les choses sont annihilées à tout moment, et puis créées à nouveau. Les objets des sens n'existent qu'autant qu'ils sont perçus ; ainsi des arbres n'existeraient dans un jardin, des

chaises dans un salon, que pendant qu'il y a quoiqu'un pour les percevoir. Je n'ai qu'à fermer les yeux : aussitôt tout le mobilier de cette chambre est réduit à rien, et sitôt que je les ouvre ils sont créés tout de nouveau. En réponse à tout cela je prie le lecteur de revenir aux §§ 3, 4, etc., et de bien examiner s'il peut donner un sens quelconque à l'existence réelle d'une idée, distincte du fait qu'elle est perçue. Pour moi, après la plus exacte recherche qu'il me soit possible de faire, je me trouve incapable de découvrir ce que cela peut signifier, et je supplie encore une fois qu'on veuille bien sonder ses propres pensées et ne point se laisser imposer par des mots. Si quelqu'un parvient à concevoir la possibilité que ses idées ou que leurs archétypes existent sans être perçus, je veux bien me rendre ; mais, s'il ne peut y arriver, il avouera qu'il n'est pas raisonnable de sa part de se porter défenseur d'il ne sait quoi, et de m'accuser, moi, d'absurdité sur ce que je n'admets pas ces propositions qui n'ont au fond aucune signification.

46. Il ne sera pas mal d'observer à quel point les principes reçus en philosophie sont sujets à se voir imputer les mêmes absurdités prétendues. On regarde comme étrangement absurde que, de ce que je clos mes paupières, tous les objets autour de moi soient réduits à rien ; et pourtant n'est-ce pas là ce que les philosophes reconnaissent communément, quand, de tous côtés, ils accordent que la lumière et les couleurs, qui seules sont les propres et immédiats objets de la vue, sont de pures sensations dont l'existence ne se prolonge pas au-delà de la perception ? De plus, il peut bien paraître incroyable à quelqu'un que les choses soient en état de création à tout moment ; cependant c'est une doctrine communément enseignée dans les écoles. Les philosophes de l'École, tout en admettant l'existence de la Matière, dont suivant eux toute la fabrique du monde est formée, ne

laissent pas d'être d'opinion qu'elle ne peut subsister en dehors de l'acte de Dieu qui la conserve ; et ils présentent cette conservation comme une création continuelle.

47. Au reste, il suffit d'y penser un peu, pour s'apercevoir que, même alors que nous concéderions l'existence de la Matière, ou substance corporelle, il ne s'ensuit pas moins des principes généralement admis maintenant que les corps particuliers, de quelque espèce qu'ils soient, n'existent pas, que pas un d'entre eux n'existe, pendant qu'ils ne sont point perçus. Il résulte, en effet, des §§ 11 et suivants que la Matière dont les philosophes sont partisans est un quelque chose d'incompréhensible qui ne possède aucune des qualités par lesquelles se distinguent les uns des autres les corps qui tombent sous nos sens. Et pour rendre ceci plus évident, il faut remarquer que l'infinie divisibilité de la Matière est universellement accordée aujourd'hui, ou l'est du moins par les philosophes les plus suivis et les plus considérables, qui, se fondant sur les principes reçus, la démontrent irréfragablement. Il suit de là qu'il y a dans chaque petite particule de Matière un nombre infini de parties qui ne sont pas perçues par les sens. Si donc un corps paraît être d'une grandeur finie, ou n'exhibe pour les sens qu'un nombre fini de parties, la raison n'en est point qu'il n'en a pas davantage, puisqu'il en renferme au contraire un nombre infini ; mais c'est que les sens ne sont pas assez perçants pour les discerner. En proportion de ce qu'on ajoute à l'acuité des sens, ils perçoivent dans l'objet un plus grand nombre de parties, c'est-à-dire que l'objet paraît plus grand, que sa figure varie, que les parties situées à ses extrémités, et auparavant inaperçues, apparaissent maintenant et le circonscrivent par des lignes et des angles très différents de ceux que percevait un sens plus obtus. Et à la fin, après divers

changements de volume et de forme, si le sens devient infiniment perçant, le corps devra paraître infini. Durant tout ceci, il n'y a pas d'altération dans le corps, mais seulement dans le sens. Tout corps, considéré en lui-même, est donc infiniment étendu, et n'a en conséquence ni forme, ni figure. D'où il suit qu'encore que nous voulussions accorder qu'il n'y a rien de si certain que l'existence de la Matière, il est certain en même temps, (et les matérialistes sont forcés d'en convenir, par leurs propres principes), que ni les corps particuliers perçus par les sens, ni aucune chose qui leur ressemble n'existent hors de l'esprit. La Matière, dis-je, et chaque particule de la Matière sont, suivant eux, infinis et sans forme ; et c'est l'esprit qui construit toute la variété des corps qui composent le monde visible ; et aucun d'entre eux n'existe pendant plus de temps qu'il n'est perçu.

48. Mais, après tout, si nous l'examinons, l'objection proposée dans le § 45 ne saurait être poussée raisonnablement contre les principes que nous avons exposés, ni faire ressortir le moins du monde un vice de notre doctrine. Il est bien vrai que nous tenons les objets des sens pour n'être rien autre que des idées, lesquelles ne peuvent exister non perçues, mais nous pouvons n'en point conclure qu'elles n'ont d'existence que pendant que nous les percevons, puisqu'il peut y avoir un autre esprit (*spirit*) qui les perçoit, alors que nous ne les percevons pas. Quand nous disons que les corps n'existent pas hors de l'esprit, il ne faut pas qu'on l'entende de tel ou tel esprit particulier, mais de tous les esprits quelconques. Il ne s'ensuit donc pas de nos principes que les corps sont annihilés ou créés à tout moment et n'ont aucune existence durant les intervalles où *nous* ne les percevons pas.

49. Cinquièmement, on pourra objecter que si l'étendue et la

figure existent dans l'esprit seulement, il en résulte que l'esprit est étendu et figuré, puisque l'étendue est un mode ou attribut qui (pour parler comme l'École) est un prédicat du sujet dans lequel il existe. Je réponds : ces qualités sont dans l'esprit en tant seulement qu'elles sont perçues par lui. En d'autres termes, elles n'y sont pas en manière de *mode* ou d'*attribut,* mais seulement en manière d'*idée.* Il ne s'ensuit donc pas, de ce que l'étendue existe en lui seul, que l'esprit est étendu, que l'âme est étendue ; pas plus qu'il ne faut qu'il soit rouge ou bleu par la raison que ces couleurs existent en lui et nulle part ailleurs, ainsi que tout le monde le reconnaît. Quant à ce que les philosophes disent du sujet et du mode, cela semble sans fondement et inintelligible. Par exemple, dans cette proposition : *Un dé est dur, étendu et cubique,* ils entendront que le mot *dé* désigne un sujet, ou substance, distinct de la dureté, de l'étendue, et de la figure qui en sont des prédicats et qui existent en lui. Mais je ne puis comprendre cela : pour moi, un dé semble n'être nullement distinct de ces choses qu'on nomme ses modes ou accidents. Dire qu'un dé est dur, étendu et cubique, ce n'est point attribuer ces qualités à un sujet qui en est distinct et qui les supporte ; c'est seulement une explication de la signification du mot *dé.*

50. Sixièmement, on dira que beaucoup de choses ont été expliquées par la matière et le mouvement, et que nier ceux-ci, c'est renoncer à toute la philosophie corpusculaire et saper les fondements de ces principes mécaniques qui ont été employés avec tant de succès à l'explication des phénomènes. Bref, tout ce qui a été obtenu de progrès dans l'étude de la nature, grâce aux philosophes anciens ou modernes, procède de la supposition de l'existence réelle de la substance corporelle, ou Matière. À cela je réponds qu'il n'y a pas un seul phénomène expliqué dans cette

supposition qui ne puisse l'être aussi bien sans elle, ainsi qu'on le ferait aisément voir par une induction des cas particuliers. Expliquer les phénomènes, ou montrer pourquoi dans telles ou telles occasions nous sommes affectés de telles et telles idées, c'est tout un. Mais comment la Matière opérerait-elle sur un esprit (*on a spirit*), ou produirait-elle en lui une certaine idée ? C'est ce qu'aucun philosophe n'a la prétention d'expliquer ; il est donc évident qu'il n'y a pas d'usage à faire de la Matière en philosophie naturelle. En outre, ceux qui s'occupent de ces questions ne tirent pas leurs explications de la substance corporelle, mais bien de la figure, du mouvement et autres qualités, qui ne sont au vrai que de pures idées et ne peuvent par conséquent être causes d'aucune chose, ainsi qu'on l'a montré (§ 25).

51. Septièmement, on demande, d'après cela, s'il ne paraît pas absurde de supprimer les causes naturelles et d'attribuer toute chose à l'opération immédiate des esprits (spirits). Devons-nous, en vertu de tels principes, au lieu de dire que le feu chauffe, ou que l'eau refroidit, parler d'un Esprit (*Spirit*) qui chauffe, et ainsi de suite ? Ne rira-t-on pas à bon droit de l'homme qui tiendra ce langage ? – Sans doute, répondrai-je, en pareille matière il faut « penser comme ceux qui savent et parler comme le vulgaire ». Ceux qui, par démonstration, ont acquis la conviction de la vérité du système de Copernic, ne laissent pas de dire que le soleil se lève, qu'il se couche, qu'il passe au méridien, et, s'ils affectaient un autre style dans la conversation, ils se rendraient incontestablement très ridicules. Si l'on veut bien réfléchir un peu à cette remarque, on verra manifestement que le commun langage n'a à redouter ni trouble ni changement en conséquence de l'admission de nos doctrines.

52. Dans les affaires ordinaires de la vie, il faut conserver les

manières de parler reçues, tant qu'elles éveillent en nous les sentiments convenables ou les dispositions à agir qui sont requises pour notre bien-être, quelque fausses qu'elles puissent être, si on les prend en un sens strict et spéculatif. Il en est même ainsi inévitablement : car la propriété des termes étant réglée par la coutume, le langage est accommodé aux opinions reçues, qui ne sont pas toujours les plus vraies. C'est ce qui fait qu'il est impossible, même dans les raisonnements philosophiques les plus rigoureux, de modifier le génie et les tendances de la langue en laquelle on s'exprime, de manière à ne jamais donner prise à la chicane de ceux qui cherchent des difficultés ou des contradictions. Un bon et sincère lecteur jugera du sens d'après l'intention de l'auteur et l'ensemble lié du discours, et accordera de l'indulgence à ces façons inexactes de parler que l'usage a rendues inévitables.

53. Quant à l'opinion qu'il n'existe pas de causes corporelles, elle a été anciennement soutenue par certains scolastiques, et elle l'est depuis peu par des philosophes modernes : par ceux qui, tout en accordant l'existence de la Matière, entendent que Dieu seul soit la cause efficiente immédiate de toutes choses[1]. Ces personnes ont reconnu que, parmi tous les objets des sens, il n'en est point qui renferme pouvoir et activité, et qu'il en est par conséquent de même des corps quelconques qu'elles supposent exister hors de l'esprit, à la ressemblance des objets immédiats des sons. On suppose donc une multitude innombrable d'êtres créés que l'on reconnaît incapables de produire un effet quel qu'il soit dans la nature, et qui se trouveraient ainsi donnés sans utilité et sans but, puisque Dieu aurait pu aussi bien faire toutes choses sans eux. Dussions-nous accorder que cela est possible, la supposition

n'en serait pas moins parfaitement inconcevable et extravagante.

54. Huitièmement, quelques-uns peuvent regarder l'accord et le consentement universel des hommes comme un argument invincible en faveur de la Matière et de l'existence des choses externes. Devons-nous supposer que le monde entier se trompe ? Et s'il en est ainsi, quelle cause assigner à une erreur à ce point répandue et prédominante ? En premier lieu, je réponds qu'à y bien regarder, on ne trouvera peut-être pas tant de gens qu'on l'imagine qui croient réellement à l'existence de la Matière ou des choses hors de l'esprit. Croire ce qui implique contradiction, ou ce qui n'enferme aucun sens, c'est chose, à strictement parler, impossible. Et quant à savoir si tel n'est pas le cas pour les expressions ci-dessus, je m'en rapporte à l'examen impartial du lecteur. En un sens, il est vrai, on peut dire que les hommes croient que la Matière existe ; c'est-à-dire qu'ils agissent comme si la cause immédiate de leurs sensations, qui à tous moments les affecte et leur est si bien présentée, était quelque être insensible et non pensant. Mais qu'ils aient la compréhension nette d'une signification marquée par ces paroles et s'en forment une opinion spéculative définie, voilà ce que je ne saurais concevoir. Ce n'est pas le seul cas où les hommes s'en imposent à eux-mêmes en s'imaginant qu'ils croient à des propositions fréquemment énoncées devant eux, quoiqu'elles n'aient au fond aucune signification.

55. Mais en second lieu, quand même nous accorderions que jamais notion n'a été si universellement et solidement établie, ce ne serait qu'un faible argument en faveur de sa vérité, pour qui songe aux innombrables préjugés, aux opinions fausses qui ont été embrassées partout avec une extrême ténacité par la partie de

l'humanité la moins capable de réflexion (et de beaucoup la plus nombreuse). Il fut un temps où les antipodes et le mouvement de la Terre passaient pour des absurdités monstrueuses, au jugement même des savants ; et si nous considérons la faible proportion des gens instruits au reste des hommes, nous trouverons que ces vérités n'ont pas encore pris un grand pied dans le monde.

56. Mais on nous demande d'assigner la cause de ce préjugé, d'expliquer comment il se fait qu'il règne dans le monde. À ceci je réponds que les hommes savent qu'ils perçoivent des idées dont ils ne sont point les auteurs, attendu qu'elles ne sont pas excitées en eux du dedans et ne dépendent pas de l'opération de leur volonté. C'est cela qui leur fait croire que ces idées ou objets de perception ont une existence indépendante de l'esprit et hors de l'esprit, sans songer un instant ce que ces mots impliquent. Viennent les philosophes, qui voient parfaitement que les objets immédiats de la perception n'existent pas hors de l'esprit ; ils corrigent donc, jusqu'à un certain point, la méprise du vulgaire, mais c'est pour tomber aussitôt dans une autre non moins absurde. Ils prétendent qu'il y a de certains objets réellement existants hors de l'esprit, ou qui subsistent, distincts de leur qualité d'être perçus, desquels nos idées ne sont que des images ou ressemblances qu'ils impriment dans l'esprit. Et cette doctrine des philosophes doit son origine à la même cause que la première. Ils ont, en effet, conscience de n'être pas les auteurs de leurs sensations, ils les connaissent évidemment comme imprimées du dehors, et devant dès lors avoir quelque cause distincte des esprits dans lesquels elles sont imprimées.

57. Mais pourquoi supposent-ils que les idées sensibles sont excitées en nous par des choses dont elles sont les images, et ne préfèrent-ils recourir à l'Esprit (*to Spirit*) qui seul peut agir ? On

peut s'expliquer cela, premièrement, par la raison qu'ils ne s'aperçoivent pas qu'il y a contradiction, tant à supposer des choses semblables à nos idées et existantes au dehors, qu'à leur attribuer pouvoir et activité. En second lieu, l'Esprit suprême qui excite ces idées dans nos esprits n'est pas désigné et circonscrit, pour notre vue, par une certaine collection finie d'idées sensibles, comme les agents humains le sont par un volume, un arrangement de parties, des membres, des mouvements. Et, en troisième lieu, ses opérations sont uniformes et régulières. Quand le cours de la nature est interrompu par un miracle, les hommes sont prêts à reconnaître la présence d'un agent supérieur. Mais quand nous voyons les choses aller leur cours ordinaire, elles n'éveillent en nous aucune réflexion. Leur harmonie, leur enchaînement sont bien des arguments à l'appui de la très grande sagesse, puissance et bonté de leur créateur, mais la constance d'un spectacle qui nous est familier fait que nous ne pensons point à y voir des effets immédiats de l'action d'un *Libre Esprit* ; d'autant plus que l'inconséquence et la variabilité dans les actes, encore qu'elles dénotent l'imperfection, sont des marques de *liberté*.

58. Neuvièmement[2], on objectera que la doctrine que je soutiens est inconciliable avec différentes vérités solidement établies en philosophie et en mathématiques. Par exemple, le mouvement de la terre est universellement admis par les astronomes, comme une vérité fondée sur les raisons les plus claires et les plus convaincantes. Mais, selon les principes ci-dessus, il ne peut y avoir rien de tel. Car le mouvement n'étant qu'une idée, il s'ensuit que s'il n'est pas perçu, il n'existe pas. Or, le mouvement de la terre n'est pas perçu par les sens. Je réponds que la théorie du mouvement de la terre, quand on la comprend correctement, s'accorde avec les principes que nous avons

établis. En effet, la question de savoir si la terre se meut ou non ne revient, en réalité, qu'à ceci : il s'agit de savoir si les observations qui ont été faites par les astronomes nous donnent une suffisante raison de conclure que, au cas où nous serions placés dans telles et telles circonstances, où nous nous trouverions dans telle position, à telle distance à la fois du soleil et de la terre, nous percevrions celle-ci comme en mouvement dans le chœur des planètes et avec une apparence de tous points semblable à l'apparence d'une planète. Or c'est ce qu'on déduit avec raison des phénomènes observés, en se fondant sur des lois établies de la nature qu'on n'a nulle raison de mettre en doute.

59. D'après l'expérience que nous avons acquise de l'enchaînement et de la succession des idées dans nos esprits, nous faisons souvent, je ne dirai pas des conjectures incertaines, mais des prédictions très sûres et bien fondées concernant les idées dont nous viendrons à être affectés en conséquence d'une suite d'actions très prolongée. Nous sommes ainsi capables de porter un jugement exact sur ce qui nous apparaîtrait en supposant que nous fussions placés dans des circonstances très différentes de celles dans lesquelles nous nous trouvons actuellement. C'est en cela que consiste la connaissance de la nature ; et l'usage que nous en faisons demeure, ainsi que sa certitude, en parfait accord avec ce qui a été dit. On étendra sans peine cette explication à tout ce qui pourra se présenter d'objections du même genre, et qui se tireraient, par exemple, de la grandeur des étoiles, ou autres découvertes dans l'astronomie et dans la nature.

60. Dixièmement, on demandera à quoi servent la curieuse organisation des plantes, et le mécanisme vital dans les parties des animaux ; les végétaux ne pourraient-ils croître et produire leurs feuilles et leurs fleurs, les animaux accomplir tous leurs

mouvements, sans toute cette variété des parties internes si ingénieusement imaginées et composées ? Puisque ce sont là des idées, et qu'il n'y a rien en elles qui sont doué de pouvoir et capable d'opérer, elles n'ont pas non plus de connexion nécessaire avec les effets qu'on leur rapporte. S'il existe un Esprit qui produit chaque effet immédiatement par un *fiat* ou acte de sa volonté, nous devons regarder tout ce qu'il y a de délicat, tout ce qui est œuvre d'art dans les œuvres, soit de l'homme, soit de la nature, comme fait en vain. Suivant cette doctrine, encore bien qu'un ouvrier ait construit le ressort, les roues, tout le mouvement d'une montre, et qu'il ait ajusté les pièces ensemble de la manière qu'il sait propre à produire les mouvements voulus, il doit penser que tout ce travail est sans objet, et qu'il y a une Intelligence qui dirige l'aiguille et lui fait marquer l'heure. Si c'est ainsi, pourquoi l'Intelligence n'exécute-t-elle pas la chose sans qu'il ait à se donner la peine de composer et d'ajuster le mécanisme ? Pourquoi une boîte vide ne ferait-elle pas l'affaire aussi bien qu'une autre ? Et d'où vient que, s'il se rencontre un défaut dans la marche de la montre, il correspond toujours à quelque désordre qu'on découvrira dans les pièces, en sorte que si une main habile y remédie, tout recommencera à bien aller ? On peut en dire autant de toute l'œuvre d'horlogerie de la nature, qui est en grande partie si merveilleusement fine et subtile qu'il est à peine possible d'y pénétrer avec le meilleur microscope. Bref, on demandera comment, d'après nos principes, on peut donner une explication tolérable, assigner une cause finale quelconque de cette multitude innombrable de corps et de machines, construits avec un art consommé, auxquels la philosophie commune attribue des emplois parfaitement adaptés, et dont elle se sert pour rendre raison d'une quantité de phénomènes.

61. À tout cela je réponds : 1° que s'il y avait certaines difficultés relatives à l'administration de la Providence et à l'usage assigné par elle aux différentes parties de la nature, difficultés que je ne pusse résoudre au moyen des principes ci-dessus, l'objection qu'on tirerait de là serait pourtant de peu de poids contre la vérité et la certitude de choses qui peuvent être établies *a priori* avec la plus haute évidence et la rigueur d'une démonstration ; – 2° que les principes reçus ne sont pas non plus exempts de pareilles difficultés : on peut toujours demander pour quelle fin Dieu aurait choisi ces méthodes compliquées et détournées de faire par instruments et machines ce qu'il eût pu faire aussi bien, nul n'en disconviendra, sans tout cet appareil, et par un simple commandement de Sa volonté. Il y a plus : si nous y regardons de près, nous verrons que l'objection peut se rétorquer avec plus de force contre ceux qui admettent l'existence de ces machines hors de l'esprit. Nous avons prouvé (§ 25) que la solidité, la masse, la figure, le mouvement, etc., ne renferment nulle *activité* ou *efficacité* par où ils puissent produire des effets dans la nature. Quand, donc, on suppose leur existence (mettons qu'elle soit possible) durant qu'ils ne sont pas perçus, on la suppose sans aucune utilité ; car l'unique emploi qu'on leur assigne, en tant qu'ils existent non perçus, est de produire ces effets percevables qui ne sauraient véritablement s'attribuer qu'à l'Esprit.

62. Mais pour serrer de plus près la difficulté, on doit observer que, si la fabrication de tant de parties et d'organes n'est pas absolument nécessaire pour la production d'un effet, elle est nécessaire cependant pour la production des choses en ordre uniforme et constant, conformément aux lois de la nature. Il y a certaines lois générales qui se poursuivent dans le cours entier des effets naturels : les hommes s'en instruisent par l'observation

et l'étude de la nature, et les appliquent soit à la construction artificielle des choses utiles à la vie, ou qui l'embellissent, soit à l'explication des divers phénomènes. Cette explication consiste uniquement à montrer la conformité des phénomènes particuliers avec les lois générales de la nature, ou, ce qui revient au même, à découvrir l'*uniformité* qui règne dans la production des effets naturels. C'est ce que reconnaîtra évidemment quiconque portera son attention sur les différents cas où les philosophes prétendent expliquer les apparences. La grande et manifeste utilité de ces méthodes constantes et régulières, observées par l'Agent suprême en son œuvre de la nature, a été montrée ci-dessus (§ 31) ; et il n'est pas moins visible que la production de tout effet, si elle n'exige pas de nécessité absolue certaines grandeurs, figures et mouvements, et une disposition de parties, les requiert du moins pour avoir lieu conformément aux lois mécaniques constantes de la nature. Par exemple, on ne saurait nier que Dieu, ou l'Intelligence qui soutient et règle le cours ordinaire des choses, ne puisse, s'il Lui convient de faire un miracle, causer le mouvement des aiguilles sur le cadran d'une montre dont personne n'aurait construit et disposé à l'intérieur le mouvement. Mais s'il veut opérer suivant les règles du mécanisme qui ont été, pour de sages fins, établies et maintenues par Lui dans la création, alors il est nécessaire que les actions par lesquelles un horloger construit et ajuste les pièces de la montre, précèdent la production de l'effet en question ; comme aussi que tout désordre dans ce dernier soit accompagné d'un désordre correspondant qui se perçoit dans les pièces, lequel une fois corrigé, tout recommence à bien aller.

63. Il est vrai qu'il peut être nécessaire, en quelques occasions, que l'Auteur de la nature exerce son pouvoir souverain par

la production de quelque apparence en dehors de la série ordinaire des choses. De telles exceptions aux règles générales de la nature sont propres à surprendre les hommes et à les conduire, par la crainte et le respect, à la reconnaissance de l'Être divin. Mais elles doivent ne se produire que dans des cas rares, sans quoi il y aurait toutes raisons pour qu'elles manquassent leur effet. D'ailleurs, il semble que Dieu préfère porter dans notre raison la conviction de ses attributs par la vue des œuvres de la nature, qui nous découvrent tant d'art et d'harmonie, et révèlent si bien la sagesse et la bienfaisance de leur Auteur, plutôt que de nous surprendre et de nous conduire à la croyance de son Être par des évènements extraordinaires et surprenants.

64. Pour rendre ce sujet encore plus clair, j'observerai que l'objection rapportée dans le § 60 se réduit en réalité à ceci : les idées ne sont pas produites n'importe comment, au hasard, mais il existe entre elles un certain ordre et une connexion semblable à celle de cause et d'effet. Elles se présentent aussi en différentes combinaisons où paraît beaucoup d'art et de régularité, et qui sont comme autant d'instruments dans la main de la nature. Celle-ci est pour ainsi dire cachée derrière la scène, et produit par une secrète opération ces apparences qu'on voit sur le théâtre du monde, mais que l'œil curieux du philosophe parvient seul à discerner en ce qu'elles sont. Mais puisqu'une idée ne peut être cause d'une autre idée, à quoi bon cette connexion ? Et puisque ces instruments qui sont de pures perceptions, *sans action par elles-mêmes (inefficacious)*, dans l'esprit, ne servent pas à la production des effets naturels, on demande pourquoi ils ont été faits ? En d'autres termes, quelle raison peut-on assigner pour que Dieu nous fasse découvrir, quand nous examinons avec attention ses ouvrages, une si grande variété d'idées, combinées

avec tant d'art et si exactement conformes à une règle ? Il n'est pas croyable[3], en effet, qu'il eût voulu se mettre en frais (si l'on peut ainsi parler) de tout cet art et de toute cette régularité sans nul dessein.

65. À tout ceci, ma réponse est : 1° Que la connexion des idées n'implique pas la relation de *cause à effet,* mais seulement de marque ou *de signe* à *chose signifiée.* Le feu que je vois n'est point la cause de la douleur que j'éprouve en m'en approchant de trop près, mais bien la marque qui m'en informe d'avance. De même le bruit que j'entends n'est point l'effet de tel mouvement, de telle collision des corps environnants : il n'en est que le signe. 2° La raison pour laquelle les idées sont disposées en combinaisons artificielles et régulières, en machines, est la même pour laquelle on forme des mots avec des lettres assemblées. Pour qu'un petit nombre d'idées originales puissent être employées à la signification d'un grand nombre d'effets et d'actions, il est nécessaire qu'elles entrent en composition les unes avec les autres, et d'une manière variée. Et si leur usage est destiné à être permanent et universel, ces combinaisons doivent se faire suivant des *règles* et être *inventées savamment.* Nous recevons par ce moyen d'abondantes informations touchant ce que nous avons à attendre de telles et telles actions, et touchant la marche à suivre pour exciter telles et telles idées. C'est en effet là tout ce que je conçois qu'on entend clairement, quand on dit que la figure, la contexture et le mécanisme des parties internes des corps, tant naturels qu'artificiels, une fois connues, nous mènent à la connaissance des différents usages et propriétés qui en dépendent, et nous instruisent de la nature de la chose.

66. Il est évident par là que ces mêmes choses qui, si nous les envisageons sous le point de vue de causes coopérant ou concou-

rant à la production des effets, sont entièrement inexplicables et nous jettent en de grandes absurdités, peuvent, au contraire, si nous les prenons uniquement pour des marques ou signes destinés à nous fournir nos informations, s'expliquer très naturellement, et répondent à un usage propre qui leur est assigné, facile à découvrir. Étudier ce langage, si je peux l'appeler ainsi, de l'Auteur de la nature, chercher à s'en donner l'intelligence, tel doit être l'emploi du savant, dans la philosophie naturelle ; et non pas de prétendre expliquer les choses par des causes corporelles, suivant une doctrine qui semble avoir trop éloigné les esprits des hommes de ce principe actif, de ce suprême et sage Esprit « en qui nous vivons, nous nous mouvons et nous sommes ».

67. Onzièmement, on pourra objecter qu'encore bien qu'il soit clair, d'après ce qui a été dit, qu'il ne saurait exister telle chose qu'une Substance inerte, insensible, étendue, solide, figurée et mobile, donnée hors de l'esprit – en un mot rien de tel que cette matière définie par les philosophes ; – cependant, si on veut retirer de cette idée de *matière* les idées positives d'étendue, figure, solidité et mouvement, et n'entendre par ce mot qu'une substance inerte et insensible, qui existe hors de l'esprit, ou non perçue, et qui est l'occasion de nos idées, c'est-à-dire en présence de laquelle il a plu à Dieu de les exciter, on ne voit pas pourquoi la Matière, prise en ce sens, ne pourrait pas peut-être exister. Pour répondre à ceci, je dis d'abord qu'il ne semble pas moins absurde de supposer une substance sans accidents que des accidents sans une substance. Mais ensuite, en admettant que nous accordions l'existence possible de cette substance inconnue, où pouvons-nous supposer qu'elle est ? Qu'elle n'existe pas dans l'esprit, c'est convenu ; et qu'elle n'existe pas en un lieu, cela n'est pas moins certain, puisqu'il a été prouvé que tout lieu et

toute étendue n'existent que dans l'esprit. Il faut conclure de là qu'elle n'existe absolument nulle part.

68. Examinons un peu la définition qui nous est donnée ici de la *matière*. Elle n'agit pas, ne perçoit pas et n'est pas perçue ; car c'est là tout ce qu'on veut dire en l'appelant une substance inconnue, insensible et inerte. Mais cette définition est entièrement formée de termes négatifs, à la réserve de cette notion relative de support, ou être dessous. On doit dès lors observer qu'elle ne supporte rien du tout et je prie que l'on considère à quel point cela revient à la définition d'une *non entité*. Mais, dites-vous, c'est l'*occasion inconnue* en présence de laquelle les idées sont excitées en nous par la volonté de Dieu. Mais je voudrais bien savoir comment pourrait nous être présent quelque chose qui ne serait percevable ni par les sens ni par la réflexion, ni capable de produire aucune idée dans nos esprits, et qui avec cela n'aurait ni forme ni étendue et n'existerait en aucun lieu. Les mots : *être présent,* expliqués de la sorte, doivent nécessairement se prendre en quelque sens abstrait et étrange que je ne suis pas capable de comprendre.

69. Examinons en outre ce qu'on entend par *occasion*. Autant que je puis en juger d'après l'usage commun du langage, ce mot signifie ou l'agent qui produit un effet, ou quelque autre chose qu'on voit l'accompagner ou le précéder dans le cours ordinaire des choses. Mais quand on l'applique à la Matière, définie comme ci-dessus, on ne peut lui prêter ni l'un ni l'autre sens, puisque la Matière étant réputée passive et inerte, ne peut point être un agent ou cause efficiente, et étant impercevable, comme dénuée de toutes qualités sensibles, ne peut pas davantage être l'occasion de nos perceptions, de la manière, par exemple, qu'on dit que la brûlure d'un doigt occasionne la douleur dont cet acci-

dent est accompagné. Que peut-on vouloir dire quand on appelle la matière une *occasion* ? Il faut que ce terme n'ait aucun sens, ou qu'il en ait un bien différent de la signification reçue.

70. Vous direz peut-être que la Matière, quoique nous ne la percevions point, est néanmoins perçue par Dieu, à qui elle est une occasion d'exciter les idées dans nos esprits. Car, dites-vous, la manière ordonnée et constante dont nous observons que nos sensations nous sont imprimées doit nous porter raisonnablement à supposer qu'il y a des occasions constantes et régulières de leur production. C'est-à-dire qu'il existerait certaines parties distinctes et permanentes de matière, qui correspondraient à nos idées, et qui, sans les exciter en nos esprits, ni nous affecter immédiatement en quoi que ce fût, puisqu'elles seraient entièrement passives et impercevables pour nous, seraient néanmoins, pour Dieu qui les percevrait, autant d'occasions en quelque sorte de se rappeler quelles idées. Il a à imprimer et à quels moments, dans nos esprits, afin que les choses puissent suivre une marche constante et uniforme.

71. En réponse, j'observe que, la notion de la Matière étant ce qu'on la pose ici, la question ne concerne plus l'existence d'une chose distincte de l'*Esprit* (*Spirit*) et de l'*idée,* et qui ne serait ni percevante ni perçue. Il s'agit seulement de savoir s'il n'existe pas certaines idées, de je ne sais quelle espèce, dans l'esprit (*mind*) de Dieu, lesquelles seraient autant de marques ou notes pour le diriger dans la production des sensations en nos esprits, suivant une méthode régulière et constante. C'est exactement ainsi qu'un musicien est dirigé par la notation musicale, quand il produit cette suite harmonieuse et cette combinaison de sons qu'on appelle un air, quoique l'auditeur ne perçoive nullement les notes et puisse même en ignorer complètement. Mais

cette notion de la Matière – la seule après tout que je puisse tirer intelligiblement de ce qu'on dit des occasions inconnues – semble trop extravagante pour mériter qu'on la réfute. D'ailleurs, elle n'est pas en réalité une objection contre ce que nous avons avancé : à savoir qu'il n'existe pas de substance non sentante, non perçue[4].

72. Si nous suivons la lumière de la raison, nous inférerons, de la méthode constante et uniforme qui régit nos sensations, la sagesse et la bonté de l'Esprit qui les excite en nos esprits ; mais c'est là tout ce que je vois qu'on puisse raisonnablement conclure. Pour moi, dis-je, il est évident que l'existence d'un Esprit infiniment sage, bon et puissant suffit pleinement pour expliquer toutes les apparences de la nature. Mais quant à la *matière inerte, non sentante,* rien de ce que je perçois n'a la moindre connexion avec elle, ni ne m'en suggère la pensée. Je serais bien aise de voir quelqu'un expliquer par son moyen le moindre des phénomènes de la nature, ou apporter quelque espèce de raison, fût-elle du dernier rang des probabilités, en faveur de son existence, ou même donner à sa supposition une signification tolérable. Car, pour ce qui est de la considérer comme occasion, je pense avoir clairement montré qu'elle n'est rien de pareil à notre égard. Il ne lui reste donc plus d'autre rôle à remplir, s'il en faut un, que celui d'occasion pour Dieu d'exciter en nous les idées, et nous venons justement de voir à quoi cela se réduit.

73. Il vaut la peine de réfléchir un peu aux motifs qui ont porté les hommes à supposer l'existence de la *substance materielle,* afin que, remarquant la diminution graduelle et l'extinction des raisons dont ils se sont laissé toucher, nous nous trouvions en conséquence disposés à retirer l'assentiment qui se

fondait sur elles. On a donc pensé, premièrement, que la couleur, la figure, le mouvement et les autres qualités sensibles ou accidents existaient réellement hors de l'esprit ; et pour ce motif on a jugé nécessaire de supposer certain *substratum* non pensant, ou substance, dans laquelle elles existeraient, puisqu'on ne pouvait les concevoir existantes par elles-mêmes. Plus tard, les hommes se sont convaincus que les couleurs, les sons et le reste des qualités sensibles secondaires n'avaient pas d'existence hors de l'esprit ; ils ont alors dépouillé de toutes ces qualités ce *substratum,* ou substance matérielle, et ne lui ont laissé que les qualités primaires : figure, mouvement, etc., qu'ils concevaient encore comme existantes hors de l'esprit et, par suite, comme ayant besoin d'un support matériel. Mais dès qu'on a montré que nulle de celles-ci même ne peut exister autrement que dans un Esprit (*Spirit or Mind*) qui les perçoive, il ne reste aucune raison de supposer l'être de la Matière ; bien plus il est complètement impossible d'admettre telle chose que celle qu'on a l'intention de désigner par ce mot, tant qu'on lui fait signifier un *substratum non pensant* de qualités ou accidents qui y sont renfermés et dans lequel ils existent hors de l'esprit.

74. Les matérialistes eux-mêmes avouant que la matière n'est posée uniquement que pour servir de support aux accidents, et cette raison se trouvant maintenant écartée, on pourrait s'attendre à ce qu'une croyance qui n'est pas autrement fondée fût abandonnée tout naturellement et sans la moindre répugnance. Mais le préjugé est si profondément rivé dans nos esprits, que nous apercevons difficilement le moyen de nous en séparer, et sommes enclins par suite à conserver le *mot,* en abandonnant la *chose,* qui ne peut être défendue ; et le mot, nous l'appliquons alors à je ne sais quelles notions abstraites et indéterminées d'être ou d'occa-

sion, sans aucune apparence de raison, au moins autant que je puis voir. Pour ce qui nous concerne, en effet, dans tout ce que nous percevons, entre toutes les idées, sensations, notions, qui sont imprimées dans nos esprits par les sens ou par la réflexion, ou prendre de quoi inférer l'existence d'une occasion inerte, non pensante, non perçue ? Et, d'un autre côté, en ce qui concerne l'Esprit universellement suffisant, que peut-il y avoir qui nous fasse croire ou seulement soupçonner que, pour exciter les idées en nos esprits, il soit dirigé par une occasion inerte ?

75. C'est un exemple bien extraordinaire et vraiment déplorable de la force du préjugé, que ce grand attachement que l'esprit de l'homme conserve, contre toute évidence de raison, pour un *Quelque chose* de stupide et privé de pensée, par l'interposition duquel il essaye de se dérober pour ainsi dire à la Providence de Dieu, et de la rejeter au plus loin des affaires du monde. Mais nous avons beau faire tout notre possible pour affirmer la croyance à la Matière, nous avons beau, quand la raison nous abandonne, tenter d'appuyer notre opinion sur la possibilité pure de la chose, et donner carrière à une imagination que la raison ne règle pas, pour découvrir des motifs en faveur de cette pauvre possibilité, le résultat définitif de tout cela, c'est qu'il y a certaines idées *inconnues* dans l'esprit de Dieu. Tel est en effet l'unique sens que je conçoive de l'*occasion* par rapport à Dieu, si tant est qu'elle en ait un. Au fond, ce n'est plus là combattre pour conserver la chose, mais seulement le nom.

76. Qu'il y ait donc des idées de cette sorte dans l'esprit de Dieu, et qu'on puisse *leur* donner le nom de *matière,* je n'en disputerai pas. Mais si l'on tient à la notion d'une substance non pensante, ou support de l'étendue, du mouvement et des autres qualités sensibles, alors il est très évidemment impossible, à mes

yeux, qu'une telle chose soit, attendu qu'il est contradictoire que ces qualités existent en une substance non percevante ou soient supportées par elle.

77. Mais, dit-on, même en accordant qu'il n'existe pas de support privé de pensée, pour l'étendue et les autres qualités ou accidents que nous percevons, on pourrait peut-être admettre qu'il existe une substance inerte, non percevante, qui serait le *substratum* de certaines autres qualités aussi incompréhensibles pour nous que le sont les couleurs pour un aveugle-né, faute d'un sens apte à les percevoir. Si nous avions un organe de plus, il ne nous serait peut-être pas plus possible de douter de leur existence qu'il ne l'est à l'aveugle à qui la vue est rendue de nier la lumière et les couleurs ? – Je réponds tout d'abord que, si ce que nous entendons par le mot *Matière* n'est qu'un support inconnu de qualités inconnues, il importe peu qu'une telle chose existe ou non, puisqu'elle ne nous intéresse en rien ; et je ne vois aucun avantage à disputer sur nous ne savons *quoi*, qui existerait nous ne savons *pourquoi*.

78. Mais, en second lieu, si nous avions un nouveau sens, il ne pourrait que nous fournir de nouvelles idées ou sensations, et dans ce cas nous aurions les mêmes raisons à faire valoir, contre leur existence en une substance non percevante, que celles qui ont été déjà présentées relativement à la figure, au mouvement, à la couleur et autres pareilles. Des qualités, on l'a montré, ne sont rien de plus que des *sensations* ou *idées* qui existent uniquement dans un *esprit* qui les perçoit ; et cette vérité s'applique, non seulement aux idées qui nous sont actuellement familières, mais encore à toutes les idées possibles, quelles qu'elles puissent être.

79. Mais on insistera : Eh bien ! dira-t-on, n'eussé-je aucune raison de croire à l'existence de la Matière, me fût-il impossible

d'assigner son emploi, ou d'expliquer par elle aucune chose, ou même de comprendre ce que veut dire ce mot, il reste toujours qu'il n'y a nulle contradiction à dire que la Matière *existe*, et que cette Matière est en général une *substance*, ou une *occasion des idées*. Il n'importe après cela qu'on puisse trouver de grandes difficultés, quand on se propose d'éclaircir le sens de ces termes ou d'en embrasser une explication particulière. – Je réponds qu'en se servant de mots sans leur donner un sens, on peut les agencer à volonté les uns avec les autres sans courir le danger de tomber dans la contradiction. On peut dire, par exemple, que deux fois deux égalent sept, pourvu qu'on déclare en même temps qu'on ne prend pas les mots de cette proposition dans leur acception usuelle, mais seulement pour les signes d'on ne sait quoi. Pour la même raison, on peut dire qu'il existe une substance sans accidents, inerte, dénuée de pensée, laquelle est l'occasion de nos idées. On en saura tout juste autant par l'une de ces propositions que par l'autre.

80. En dernier lieu, on dira : Eh bien ! abandonnons la cause de la Substance matérielle, et tenons-nous-en à la Matière considérée comme *Quelque chose* d'inconnu, ni substance ni accident, ni esprit ni idée, inerte, dénué de pensée, indivisible, inétendu, qui n'est en aucun lieu. Car enfin, tout ce qui a pu être invoqué contre la *substance*, ou contre l'occasion, ou contre toute notion positive ou relative de la Matière, cesse de s'appliquer, du moment qu'on adopte cette définition *négative*. Je réponds : vous pouvez, si vous le trouvez bon, employer le mot « matière » dans le même sens que les autres emploient le mot « rien » et rendre ainsi les termes convertibles pour votre façon de parler. Car, après tout, c'est bien là ce qui me semble résulter de cette définition. Quand j'en examine attentivement les parties, ensemble ou

séparément, je ne puis constater qu'il se produise une impression, un effet quelconque pour mon esprit, autre que celui qu'excite le mot *rien*.

81. On répliquera peut-être que la définition en question renferme un élément qui suffit à distinguer un objet de *rien* : à savoir l'idée abstraite positive de *quiddité, entité* ou *existence*. Je sais bien que ceux qui s'attribuent la faculté de composer des idées générales abstraites parlent comme s'ils avaient effectivement une telle idée, la plus générale et la plus abstraite de toutes, à ce qu'ils disent, et c'est-à-dire, suivant moi, la plus parfaitement incompréhensible qu'il y ait. Qu'il existe une grande variété d'esprits (*of spirits*) de différents ordres et de différentes capacités, dont les facultés excèdent de beaucoup en nombre et en étendue celles que l'Auteur de mon être m'a départies, je ne vois aucune raison de le nier. Et, certes, prétendre déterminer, à l'aide de ce petit nombre que j'ai de canaux de perception, étroits et limités, quelles idées l'inépuisable puissance de l'Esprit suprême peut imprimer dans ces esprits, ce serait de ma part le comble de la présomption et de la folie. Il peut exister, autant que j'en peux juger, d'innombrables sortes d'idées ou de sensations, aussi différentes les unes des autres et de tout ce qu'il m'a été donné de percevoir que les couleurs sont différentes des sons. Mais, si disposé que je puisse être à convenir de la faiblesse et de l'exiguïté de ma compréhension, au regard de la variété sans fin des esprits (*of spirits*) et des idées qui existent peut-être, je n'en soupçonne pas moins quiconque prétend posséder la notion d'Entité, ou Existence, tirée par abstraction de l'*esprit* et de l'*idée,* du percevant et du perçu, de tomber dans une franche contradiction et de jouer avec les mots.

Il me reste à présent à examiner les objections qui pourraient être faites du côté de la religion.

82. Quelques personnes croient qu'encore bien que les arguments qu'on tire de la raison, à l'appui de l'existence des corps, soient reconnus insuffisants et dénués de caractère démonstratif, les saintes Écritures sont si claires en ce point, que tout bon chrétien doit être assez convaincu, sans autre preuve, que les corps existent réellement, et sont quelque chose de plus que de simples idées. Car la Bible rapporte un nombre immense de faits qui supposent évidemment la réalité du bois et de la pierre, des montagnes et des rivières, des cités, des corps humains[5]. Je réponds à cela que nul écrit au monde, qu'il soit sacré ou profane, dans lequel ces mots et les autres du même genre sont pris dans l'acception vulgaire, ou de telle façon qu'ils veuillent dire quelque chose, n'est en danger d'avoir sa véracité mise en question par notre doctrine. Que toutes ces choses existent réellement, qu'il y ait des corps, qu'il y ait même des substances corporelles, selon le sens vulgaire des mots, on a montré que cela est conforme à nos principes. On a clairement expliqué la différence entre les *choses* et les *idées,* les *réalités* et les *chimères* (§§ 29, 30, 33, 36, etc.). Et je ne crois pas que l'Écriture mentionne en aucun lieu ni ce que les philosophes appellent *Matière*, ni l'existence des objets hors de l'esprit.

83. De plus, soit qu'il existe ou non des choses externes, on est d'accord à reconnaître que le véritable rôle des mots est de marquer *nos* conceptions, ou les choses en tant seulement qu'elles sont connues et perçues par nous. Il suit clairement de là que rien, dans les doctrines que nous avons exposées, n'est en opposition avec le droit usage et la signification du langage, et que le discours, de quelque espèce qu'il soit, pour autant qu'il est

intelligible, demeure sans atteinte. Mais tout ceci semble si manifeste d'après ce qui a été amplement exposé dans nos prémisses qu'il serait inutile d'y insister davantage.

84. Mais on allèguera que les miracles du moins perdent beaucoup de leur force et de leur importance, si nos principes sont vrais. Que devons-nous penser de la verge de Moïse ? Ne s'est-elle pas changée *réellement* en un serpent ? Le changement n'a-t-il été simplement que celui des *idées* dans les esprits des spectateurs ? Et pouvons-nous supposer que notre Sauveur n'a rien fait de plus aux noces de Cana que d'en imposer à la vue, au goût et à l'odorat des convives, pour créer en eux l'apparence ou idée du vin seulement ? On peut en dire autant de tous les miracles, qui devraient être ainsi regardés, en conséquence de nos principes, comme autant de tricheries et d'illusions de l'imagination. Je réponds que la verge a été changée en un serpent réel, et l'eau en vin réel. Cette affirmation ne contredit en rien ce que j'ai dit ailleurs ; on peut s'en convaincre en revenant aux §§ 34 et 35. D'ailleurs ce sujet du *réel* et de l'*imaginaire* a déjà été traité, rappelé et développé d'une façon si complète, les difficultés qui s'y rattachent trouvent si aisément réponse dans ce qui précède, que ce serait faire injure à la pénétration du lecteur que d'en reprendre ici l'explication. J'observerai seulement que si tous les convives présents autour d'une table voyaient, sentaient, goûtaient du vin et le buvaient, et éprouvaient les effets de cette boisson, je n'aurais, quant à moi, aucun doute que ce fût réellement du vin. C'est qu'au fond le scrupule relatif à la réalité des miracles n'a nulle raison d'être quand on suit nos principes, mais seulement quand on suit les principes reçus. Il vient donc à l'appui de la thèse que nous soutenons plutôt qu'il ne peut servir à la combattre.

1. Il s'agit ici des cartésiens *occasionnalistes* et de Malebranche, qui a expliqué la perception des corps par la *vision en Dieu. (Note de Renouvier.)*
2. Il y a ici, dans le texte de Berkeloy (éd. Fraser), « tenthly ». c'est-à-dire *dixièmenent :* et le même désaccord continue aux §§ 60 et 67. Berkeley considérait sans doute le § 56 comme énonçant une neuvième objection. – Nous conservons les numéros adoptés par Renouvier.
3. « Imaginable », dans la *1re* édition.
4. Toute cette polémique est dirigée contre Malebranche et l'école cartésienne, en tant que Berkeley combat l'idée d'une matière que nous ne percevrions pas et qui serait l'ensemble et le développement des occasions établies par Dieu pour nous communiquer nos perceptions à mesure. Mais ces philosophes admettaient, sous ce nom de *matière,* un substratum réel des qualités primaires, étendue, figure et mouvement. À cet égard, les arguments de Berkeley ne sont pas dirigés contre eux ici, ou du moins ne les atteignent pas, puisqu'il suppose que son contradicteur a renoncé à défendre la matière comme possédant réellement et *hors de tout esprit* les qualités relatives aux idées que Dieu suscite en nos âmes à leur occasion. Malebranche, il est vrai, n'était guère éloigné de cette concession. Si c'est à l'« étendue intelligible » que Berkeley en a, dans ces deux dernières sections, ce qu'il en dit est bien court et bien méprisant ; mais cela s'explique par son violent parti pris contre les *idées* non sensibles, les idées pures ou mathématiques. (Note *de Renouvier.)*
5. Telle était l'une des raisons alléguées par Malebranche en faveur de la réalité externe de la matière, qu'il aurait sans cela bornée volontiers à une existence purement *intelligible*, avec la pensée divine pour siège premier, et les esprits de l'homme pour participants, grâce à la *vision en Dieu.* Le théologien Norris, contemporain de Berkeley, avait embrassé sur ce sujet la doctrine de Malebranche. (*Note de Renouvier.*)

3

CONSÉQUENCES ET APPLICATIONS

J'en ai fini avec les objections, que j'ai tâché de présenter le plus clairement possible et avec tout le poids, toute la force que je pouvais leur donner. Nous procéderons maintenant à l'exposition de notre doctrine envisagée dans ses conséquences. Quelques-unes paraissent à première vue : celle-ci, par exemple, que nombre de questions difficiles et obscures, sur lesquelles on a beaucoup spéculé en pure perte, sont entièrement bannies de la philosophie. « Si une substance corporelle peut penser » ; « si la Matière est divisible à l'infini » ; « comment elle opère sur l'esprit » ; ces problèmes et d'autres du même genre ont de tout temps amusé considérablement les philosophes. Mais comme ils dépendent de l'existence de la Matière, il n'y a plus place pour eux dans nos principes. Il y a bien d'autres avantages encore à en tirer, soit pour la religion, soit pour les sciences, et dont la preuve est aisée d'après nos prémisses ; mais c'est ce qu'on verra plus clairement dans ce qui suit.

86. Il résulte des principes qu'on a établis que la connaissance humaine peut naturellement se classer sous deux chefs : les IDÉES, les ESPRITS. Je les examinerai successivement.

Premièrement, les idées ou *choses non pensantes*. Notre connaissance à cet endroit a été jetée dans l'obscurité et la confusion, et nous sommes tombés dans de très dangereuses erreurs, pour avoir supposé une double existence des objets des sens : l'une *intelligible*, ou dans l'esprit ; l'autre *réelle* et hors de l'esprit. Ainsi l'on a cru que les choses non pensantes avaient une existence naturelle propre, et distincte du fait qu'elles sont perçues par les esprits (*spirits*). Cette supposition, qui procède, je l'ai montré, si je ne me trompe, de la notion la plus absurde et la plus dénuée de fondement, est la vraie racine du scepticisme. Car aussi longtemps que les hommes pensent que les choses réelles existent hors de l'esprit, et que leur connaissance n'arrive à être réelle que pour autant qu'elle est en conformité avec les *choses réelles*, ils ne peuvent être certains d'avoir aucune connaissance quelconque. Comment serait-il possible de connaître que les choses qui sont perçues sont conformes à celles qui ne sont pas perçues, qui existent hors de l'esprit ?

87. La couleur, la figure, le mouvement, l'étendue et les autres qualités, considérées simplement comme autant de *sensations* dans l'esprit, sont parfaitement connues, n'y ayant rien en elles qui ne soit perçu. Mais si on les regarde comme des marques ou images rapportées à des *choses* ou *archétypes existant hors de l'esprit*, on tombe en plein dans le scepticisme. On ne voit que des apparences, et non les qualités réelles des choses. Ce que peuvent être l'étendue, la figure ou le mouvement de quelque chose, réellement et absolument, ou en soi, il nous est impossible de le connaître ; nous ne savons que la relation qu'ils

soutiennent avec nos sens. Les choses demeurant les mêmes, nos idées varient, et laquelle d'entre celles-ci représente la vraie qualité réellement existante dans la chose, ou même s'il y en a une qui possède ce privilège, il n'est pas en notre pouvoir de le décider. Ainsi, autant que nous sachions, tout ce que nous voyons, entendons et sentons peut n'être que fantôme et vaine chimère, et ne s'accorder nullement avec les choses réelles, existantes *in rerum natura.* Tout ce scepticisme [qu'on affecte] provient de ce qu'on suppose qu'il y a une différence entre les *choses* et les *idées,* et que les premières subsistent hors de l'esprit ou imperçues. Il serait facile de s'étendre sur ce sujet et de montrer comment l'argumentation des sceptiques en tous temps dépend de la supposition des objets externes. [Mais ceci paraît trop évident pour qu'on s'y arrête.]

88. Tant que nous attribuons une existence réelle aux choses non pensantes, une existence distincte de leur être-perçu, il nous est non seulement impossible de connaître avec évidence la nature d'un être quelconque non pensant, mais même de savoir qu'il existe. De là vient que nous voyons des philosophes se défier de leurs sens et douter de l'existence du ciel et de la terre, de tout ce que nous voyons ou sentons, et jusque de leur propre corps. Et après bien des peines et des efforts de pensée, ils sont forcés d'avouer que nous ne pouvons obtenir aucune connaissance évidente de soi, ou démonstrative, de l'existence des choses sensibles. Mais tous ces doutes, qui égarent et confondent l'esprit, et rendent la philosophie ridicule aux yeux du monde, s'évanouissent quand nous attachons un sens à nos paroles, au lieu de nous amuser à des mots comme « absolu », « externe », « exister », portant nous ne savons quelles significations. Pour ma part, je pourrais aussi bien douter de mon propre être que de

l'être de ces choses que je perçois actuellement par les sens ; car il y aurait contradiction manifeste à ce qu'un objet sensible fût immédiatement perçu par la vue et le toucher, et en même temps n'eût pas d'existence dans la nature, l'*être-perçu* étant l'*existence* même d'une chose non pensante.

89. Rien ne semble de plus d'importance pour élever un système solide de connaissance réelle, à l'épreuve des assauts de scepticisme, que de placer au commencement une claire explication de *ce qu'on entend* par *chose, réalité, existence*. C'est vainement qu'on disputera de la réelle existence des choses, ou qu'on prétendra en avoir une connaissance quelconque, tant qu'on n'aura pas fixé le sens de ces mois. *Chose* ou *Être* est le plus général de tous les noms. Il comprend deux espèces entièrement distinctes et hétérogènes, et qui n'ont rien de commun que le nom : à savoir les *esprits* et les *idées*. Les esprits sont des substances actives, indivisibles [incorruptibles] ; les idées sont des êtres inertes, fugitifs, [des états passifs périssables], ou des êtres dépendants, qui ne subsistent point par eux-mêmes, mais qui ont pour supports les esprits (*minds*) ou substances spirituelles dans lesquelles ils existent.

< Nous obtenons la connaissance de notre propre existence par le sentiment intérieur ou la réflexion, et celle des autres esprits (*spirits*) par la raison. Nous pouvons être dits avoir quelque connaissance ou notion de nos propres esprits (*minds*), des esprits (*spirits*) et êtres actifs, desquels, à parler strictement, nous n'avons pas des idées. De même, nous connaissons les relations entre les choses ou idées, nous en avons des notions ; ces relations sont distinctes des idées, ou choses en relation, vu que nous pouvons percevoir ces dernières sans que nous percevions pour cela les premières. Pour moi, il me semble que les *idées,* les

esprits (spirits) et les *relations* sont, en leurs classes respectives, l'objet de la connaissance humaine et le sujet du discours, et que ce serait étendre improprement le mot *idée* que de lui faire signifier tout ce que nous connaissons ou dont nous pouvons avoir une notion. >

90. Les idées imprimées sur les sens sont choses *réelles*, existent réellement. Ceci, nous ne le nions pas, mais nous nions qu'elles puissent exister en dehors des esprits qui les perçoivent, ou qu'elles soient des ressemblances de certains archétypes existant hors de l'esprit, puisque l'être même d'une sensation ou idée consiste en l'être-perçu, et qu'une idée ne peut ressembler à rien qu'à une idée. Maintenant, les choses perçues par les sens peuvent être nommées *externes,* eu égard à leur origine, en ce qu'elles ne sont pas engendrées du dedans par l'esprit (*mind*) lui-même, mais bien imprimées par un Esprit (*Spirit*) distinct de celui qui les perçoit. Pareillement, on peut dire que les objets sensibles existent « hors de l'esprit » ; on le dit alors en un autre sens : on entend qu'ils existent en quelque autre esprit. C'est ainsi que, si je ferme les yeux, les choses que j'ai vues existent encore, mais alors il faut que ce soit dans un autre esprit.

91. Ce serait une erreur de penser que ce qui est dit ici déroge le moins du monde à la réalité des choses. Il est admis, selon les principes reçus, que l'étendue, le mouvement et, en un mot, toutes les qualités sensibles ont besoin d'un support et ne sont pas aptes à subsister par elles-mêmes. Or les objets perçus par les sens ne sont, on en convient, que des combinaisons de ces qualités, et par conséquent ne peuvent subsister par eux-mêmes. Sur tout ceci on est d'accord. Ainsi, quand nous refusons aux choses perçues par les sens une existence indépendante d'un support ou substance en laquelle elles puissent exister,

nous ne nous écartons en rien de l'opinion reçue de leur *réalité* : on ne peut nous reprocher aucune innovation sous ce rapport. Toute la différence consiste en ce que, selon nous, les choses non pensantes perçues par les sens n'ont point d'existence qui soit distincte de l'être-perçu, et ne peuvent donc exister en aucune substance autre que ces substances inétendues, indivisibles, ou esprits (*spirits*), qui agissent, pensent et les perçoivent. Au lieu de cela, les philosophes tiennent communément que les qualités sensibles existent dans une substance inerte, étendue, non percevante, qu'ils appellent *Matière*. Et ils attribuent à cette matière de subsister naturellement, extérieurement à tous les êtres pensants, distincte de l'être-perçu par un esprit quelconque, même par l'esprit éternel du Créateur, en qui ils ne supposent que de simples idées des substances corporelles qu'Il a créées, si tant est qu'ils veuillent bien accorder qu'elles sont créées.

92. Car, si nous avons montré que la doctrine de la Matière, ou Substance corporelle, a été le principal pilier et soutien du scepticisme, il est également vrai que les édifices impies de l'athéisme et de l'irréligion se sont tous élevés sur le même fondement. On a jugé tellement difficile de concevoir la Matière comme tirée du néant, que les plus illustres d'entre les philosophes de l'antiquité, et ceux-là mêmes qui soutenaient l'existence de Dieu, ont posé la Matière incréée et coéternelle avec Lui. Combien la *substance matérielle* a été favorable aux athées de tous les âges, il serait inutile de le rapporter. Tous leurs monstrueux systèmes en sont dans une dépendance tellement visible et nécessaire, que si on leur retire cette pierre angulaire, ils ne peuvent faire autrement que de crouler de fond en comble. Aussi ne vaut-il pas la peine de nous en occuper davantage, et d'exa-

miner plus particulièrement les absurdités de chaque misérable secte d'athées.

93. Que des personnes impies et profanes s'abandonnent volontiers à ces systèmes qui favorisent leurs inclinations, en tournant la substance immatérielle en dérision, en supposant l'âme divisible et sujette à corruption aussi bien que le corps – ce qui est exclure tout dessein, toute intelligence et toute liberté de la formation des choses, et mettre à la place, pour la racine et l'origine de tous les êtres, une substance non pensante et stupide, existante de soi, – on doit trouver cela tout naturel. Il est naturel que les mêmes personnes prêtent l'oreille à ceux qui nient la Providence, ou la surveillance des affaires de ce monde par un Esprit supérieur, et attribuent la série entière des évènements à l'aveugle hasard, ou à la nécessité fatale qui naît de l'impulsion mutuelle des corps. Et, de l'autre côté, lorsque des hommes dont les principes sont meilleurs voient tous les ennemis de la religion attacher tant d'importance à la *Matière non pensante* et employer tant d'art et d'habileté à réduire toutes choses à cette fiction, ils devraient se féliciter, ce me semble, de les voir privés de leur grand appui et chassés de l'unique forteresse sans laquelle nos Épicuriens, Hobbistes et autres ne conservent plus même l'ombre d'un prétexte et sont on ne peut plus faciles à vaincre, et à bien peu de frais.

94. L'existence de la Matière ou des corps non perçus, n'a pas été seulement le principal appui des athées et des fatalistes, mais l'idolâtrie en toutes ses diverses formes en dépend également. Si les hommes considéraient une fois que le soleil, la lune et les étoiles, et tous les autres objets des sens, ne sont qu'autant de sensations dans leurs esprits, et dont toute l'existence n'est simplement que d'être perçues, ils cesseraient très certainement

de se prosterner devant *leurs propres idées* et de les adorer ; ils adresseraient plutôt leurs hommages à l'Esprit invisible, éternel qui produit et soutient toutes choses.

95. Ce même principe absurde, en se mêlant aux articles de notre foi, a causé aux chrétiens des difficultés qui ne sont pas de peu d'importance. Au sujet de la Résurrection, par exemple, combien de scrupules et d'objections ont été soulevés par les sociniens, et par d'autres encore ! Mais la difficulté la plus plausible qu'il y ait ne dépend elle pas de cette supposition qu'un corps est nommé *le même,* non pas eu égard à sa forme ou quant à ce qui est perçu par les sens, mais comme substance qui demeure la même sous différentes formes ? Ôtez cette *substance matérielle,* sur l'identité de laquelle toute la dispute porte ; entendez par *corps* ce que toute personne ordinaire entend simplement par ce mot : à savoir ce qui est immédiatement vu et senti, et qui n'est qu'une combinaison de qualités sensibles, ou idées, à l'instant même les objections les plus irréfutables tournent à rien.

96. La Matière, une fois bannie de la nature, emporte avec elle tant de notions sceptiques et impies, et un tel nombre, vraiment incroyable, de disputes et de questions embarrassantes qui ont été des épines au flanc des théologiens, aussi bien que des philosophes, et ont occasionné tant de travaux infructueux pour l'humanité, que, n'eussé-je pas produit contre elle des arguments allant jusqu'à la démonstration (comme il me semble évidemment qu'ils y vont), je suis sûr cependant que tous les amis du savoir, de la paix et de la religion ont lieu de désirer que je ne me trompe pas.

97. Après l'existence externe des objets de la perception, une autre grande source d'erreurs et de difficultés, par rapport à la

connaissance intellectuelle, est la doctrine des *idées abstraites,* telle qu'elle a été exposée dans l'*Introduction.* Les choses les plus simples du monde, celles qui nous sont les plus familières et que nous connaissons parfaitement, paraissent étrangement difficiles et incompréhensibles quand on les considère d'une manière abstraite. Le temps, le lieu et le mouvement, pris dans le particulier et dans le concret, sont ce que tout le monde connaît ; mais, une fois passés par les mains des métaphysiciens, ils deviennent trop abstraits et raffinés pour être compris des hommes qui n'ont que le sens ordinaire. Dites à votre domestique de se trouver en tel *temps,* à tel *lieu,* et vous ne le verrez jamais s'arrêter à délibérer sur le sens de ces mots. Il n'éprouve pas la moindre difficulté à concevoir ce temps, ce lieu particulier, ou le mouvement par lequel il doit se rendre là. Mais si le temps est pris, abstraction faite de toutes ces actions et idées particulières qui diversifient la journée et comme la pure continuation d'existence, ou durée en abstrait, alors ce sera peut-être un embarras, même pour un philosophe, de le comprendre.

98. Pour mon compte, quand j'essaye de me faire une idée du *temps* simple, séparée de la succession des idées dans mon esprit, ayant lieu suivant un cours uniforme, et à laquelle participent tous les êtres, je me trouve embarrassé et perdu dans d'inextricables difficultés. Je n'en ai absolument pas de notion. J'entends seulement qu'on le dit infiniment divisible, et qu'on parle de lui d'une manière qui me conduit à accueillir des idées extraordinaires sur mon existence. Cette doctrine, en effet, nous met dans l'absolue nécessité d'admettre ou que nous passons des parties de durée innombrables sans avoir une pensée, ou que nous sommes anéantis à chaque moment de notre vie : deux choses qui semblent également absurdes. Le temps donc n'étant rien quand

il est séparé de la succession des pensées dans nos esprits, il s'ensuit que la durée de tout esprit fini (*finite spirit*) doit se mesurer par le nombre des idées ou des actions qui se succèdent dans ce même esprit (*spirit or mind*). Et, par conséquent, il est clair que l'âme pense toujours. Au fait, qui voudra essayer de séparer dans ses pensées, ou d'abstraire l'*existence* d'un esprit (*of a spirit*) de sa *cogitation* s'apercevra, je crois, que ce n'est pas une tâche facile[1].

99. De même, quand nous essayons d'abstraire l'étendue et le mouvement de toutes les autres qualités, pour les considérer en eux-mêmes, nous les perdons aussitôt de vue et nous tombons dans de grandes extravagances. [C'est de là que naissent ces paradoxes bizarres, que « le feu n'est pas chaud », que « le mur n'est pas blanc », etc., ou que la chaleur et la couleur ne sont, dans les objets, que figure et mouvement.] Le tout dépend d'une double abstraction. La première consiste à supposer que l'étendue, par exemple, peut être séparée de toutes les autres qualités sensibles ; la seconde, que l'entité de l'étendue peut être séparée de son être-perçu. Mais quiconque réfléchira, et prendra soin de comprendre ce qu'il dit, reconnaîtra, si je ne me trompe, que toutes les qualités sensibles sont également des *sensations* et également *réelles ;* que là où est l'étendue, là aussi est la couleur, à savoir dans son esprit ; que leurs archétypes ne peuvent exister que dans quelque autre *esprit ;* que les objets des sens ne sont autre chose que ces sensations combinées, mêlées, ou, si l'on peut ainsi parler, concrétées ensemble, nulle d'entre elles ne pouvant être supposée exister non perçue ; [et que, par conséquent, le mur est blanc, tout comme il est étendu, et dans le même sens].

100. Ce que c'est pour un homme que d'être heureux, ou ce

que c'est qu'un objet bon, chacun peut croire le savoir. Mais de se former une idée abstraite du bonheur, détaché de tous les plaisirs particuliers, ou de la bonté séparée de toute chose bonne, c'est à quoi peu de gens peuvent prétendre. Pareillement, un homme peut être juste et vertueux sans avoir des idées précises de la justice et de la vertu. L'opinion que ces mots et autres semblables représentent des notions générales, abstraites de toutes les personnes et actions particulières, semble avoir rendu la moralité très difficile et son étude de peu d'utilité pour le genre humain. [Et, en effet, on peut faire de grands progrès dans l'éthique des écoles sans être pour cela plus sage ou meilleur, ou sans savoir mieux qu'auparavant se conduire dans la vie, ou pour son propre avantage, ou pour celui de ses semblables.] Ce simple aperçu peut suffire à montrer que la doctrine de l'*abstraction* n'a pas peu contribué à corrompre les parties les plus utiles de la connaissance.

101. Les deux grandes provinces de la science spéculative, où l'on traite des idées reçues par les sens, sont la philosophie naturelle et les mathématiques. Je ferai sur chacun de ces sujets quelques observations.

Parlons d'abord de la philosophie naturelle. C'est là que triomphent les sceptiques. Tout cet arsenal d'arguments mis en avant pour déprécier nos facultés, et faire ressortir l'ignorance et la bassesse de l'homme, en est principalement tiré : ainsi ce qu'on dit d'un aveuglement invincible où nous serions vis-à-vis de la *vraie* et *réelle* nature des choses. Les sceptiques se plaisent à insister là-dessus avec force exagérations. Nous sommes, disent-ils, misérablement joués par nos sens, ils nous tiennent, en nous amusant, à l'extérieur et à l'apparence des choses. L'essence réelle, les qualités internes, et la constitution des objets même les plus misérables se dérobent à notre vue. Dans une goutte d'eau, dans un grain de sable, il y a quelque chose qu'il n'est pas au pouvoir de l'entendement humain de pénétrer et de comprendre. – Mais il est évident, d'après ce que nous avons montré, que toutes ces plaintes sont sans fondement, et que nous sommes influencés par de faux principes, jusqu'à perdre confiance en nos sens et penser que nous ne savons rien sur des choses dont nous avons au contraire une compréhension parfaite.

102. Une grande raison qui nous porte à nous déclarer ignorants de la nature des choses, c'est l'opinion courante d'après laquelle chaque chose contient *en elle* la cause de ses propriétés ; qu'il y a dans chaque objet une essence interne qui est la source d'où toutes ces qualités discernables découlent et dont elles dépendent. Certains ont prétendu expliquer les apparences par des qualités occultes ; mais on en est venu récemment à les ramener surtout à des causes mécaniques : figure, mouvement, poids et autres telles qualités des particules insensibles. Et pourtant il n'existe, dans le fait, d'autre agent ou cause efficiente que l'*esprit (spirit)*, et il est évident que le mouvement est, comme toutes les autres idées, parfaitement inerte. (Voyez § 25.) On travaille donc nécessairement en vain, quand on s'efforce d'expliquer la production des sons ou des couleurs par la figure, le mouvement, la grandeur, etc. Aussi voyons-nous que les tentatives de cette espèce ne sont nullement satisfaisantes. Nous pouvons en dire généralement autant des explications dans lesquelles une idée ou qualité est assignée pour la cause d'une autre. Je n'ai pas besoin de dire combien d'hypothèses et de spéculations sont jetées de côté, et à quel point l'étude de la nature est abrégée par notre doctrine.

103. Le grand principe mécanique maintenant en vogue est

l'*attraction*. Qu'une pierre tombe dans la direction de la terre, ou que la mer se renfle vers la lune, certains trouvent que c'est assez expliqué par là. Mais en quoi sommes-nous éclaircis de la chose, quand on nous dit qu'elle s'opère par attraction ? Est-ce parce que ce mot exprime un mode de tendance, à savoir celui qui a lieu quand les corps sont tirés les uns par les autres au lieu d'être poussés ou chassés les uns vers les autres ? Mais rien n'est déterminé, dans l'état de nos connaissances, touchant le mode d'action, qui pourrait être nommé avec autant de vérité « impulsion » ou « propulsion » qu'« attraction ». On explique également par l'attraction ce qu'on voit de la ferme cohérence des parties d'un corps, comme l'acier. Pourtant ni dans ce cas ni dans les autres, je ne m'aperçois pas qu'on exprime rien au-delà de l'effet lui-même. Quant au mode de l'action par lequel il est produit, ou à la cause qui le produit, c'est à quoi l'explication ne vise seulement pas.

104. Il est vrai que si nous examinons les différents phénomènes et que nous les comparions, nous pouvons observer entre eux des ressemblances, une conformité. Par exemple, dans la chute d'une pierre sur le sol, dans le soulèvement de la mer vers la lune, dans la cohésion, dans la cristallisation, etc., il y a quelque chose de commun : l'union ou l'approche mutuelle des corps ; en sorte qu'aucun des phénomènes de ce genre ne peut sembler étrange ou surprenant à un homme qui a soigneusement observé et comparé les effets de la nature. On ne juge étonnant que ce qui n'est pas commun, ce qui est isolé, hors du cours ordinaire de notre observation. Que les corps tendent vers le centre de la terre, on ne le trouve pas étrange, attendu que c'est un fait perçu à tous les moments de la vie. Mais qu'ils gravitent pareillement vers le centre de la lune, ceci est bizarre et inexplicable aux

yeux de la plupart des gens, parce qu'on ne s'en aperçoit que dans les marées. Mais un philosophe, dont les pensées s'étendent largement sur la nature, observe une certaine similitude des apparences, tant dans le ciel que sur la terre, d'où se conclut une tendance mutuelle de corps innombrables les uns vers les autres. Il donne alors le nom d'« attraction » à cette tendance, et tout ce qu'il peut y ramener, il le regarde à bon droit comme expliqué. Il explique ainsi les marées par l'attraction du globe terraqué vis-à-vis de la lune, et il ne voit là aucune singularité ou anomalie, mais seulement un exemple particulier d'une loi générale de la nature.

105. Si donc nous considérons la différence qui existe entre les philosophes qui s'occupent de philosophie naturelle et les autres hommes, par rapport à la connaissance des phénomènes, nous trouverons qu'elle ne dépend point d'une connaissance plus exacte de la cause efficiente qui les produit – car cette cause ne peut être autre que la *volonté d'un esprit,* – mais uniquement d'une largeur de compréhension, grâce à laquelle se découvrent les analogies, les harmonies, les accords des œuvres de la nature, et s'expliquent les effets particuliers. Ces effets s'expliquent, c'est-à-dire qu'ils sont ramenés à des lois générales (voyez § 62) ; et ces lois sont fondées sur l'uniformité et les analogies observées dans la production des effets naturels, ce qui les rend aussi le plus conformes à l'esprit et les lui fait rechercher. Elles étendent notre vue loin au-delà de ce qui est présent et proche de nous, et nous permettent des conjectures très probables touchant des choses qui peuvent se produire à de grandes distances, tant de lieu que de temps, et des prédictions de celles qui doivent arriver. Cette espèce d'effort vers l'omniscience est d'un grand attrait pour l'esprit.

106. Mais il faut aller avec précaution dans ces sortes de choses, car nous sommes enclins à prêter trop de force aux analogies et nous nous livrons, au grand préjudice de la vérité, à une certaine ardeur qui nous porte à étendre notre connaissance, à l'ériger en théorèmes généraux. Par exemple, dans la question de la gravitation, ou attraction mutuelle, il suffit que le phénomène nous apparaisse en beaucoup de cas pour que plusieurs aillent incontinent à le déclarer universel, à prononcer que c'est une qualité essentielle, inhérente à tous les corps possibles, d'attirer tous les autres corps et d'être attirés par eux. Cependant, il est évident que les étoiles fixes n'ont pas cette tendance les unes vers les autres ; et il s'en faut tellement que la gravitation soit une qualité *essentielle* aux corps, que, dans certains cas, le principe contraire semble ressortir de lui-même, comme dans l'accroissement des plantes dans le sens vertical, et dans l'élasticité de l'air. Il n'y a rien de nécessaire ou d'essentiel à envisager dans cette question. Tout y dépend de la volonté de l'Esprit qui gouverne. Il fait que certains corps adhèrent les uns aux autres ou tendent les uns vers les autres suivant différentes lois, et il en tient d'autres à des distances fixes. À d'autres encore, il donne une tendance toute contraire, à se séparer et à s'éloigner, exactement comme il le juge convenable.

107. Nous pouvons maintenant, je crois, poser les conclusions suivantes. Premièrement, il est clair que les philosophes se livrent à un vain jeu, quand ils cherchent des causes efficientes naturelles, distinctes d'un esprit (*mind or spirit*). Secondement, considérant que la création tout entière est l'œuvre d'un *Agent sage et bon,* il conviendrait, ce semble, aux philosophes d'appliquer leurs pensées aux causes finales, contrairement à ce qu'en jugent quelques-uns, [car outre qu'il y aurait là une occupation

attrayante pour l'esprit, on y trouverait ce grand avantage non seulement de dévoiler les attributs du Créateur, mais encore d'être guidé en bien des cas pour l'emploi propre et utile des choses]. J'avoue que je ne vois pas pour quelle raison on ne regarderait point comme une excellente manière de rendre compte des choses, et tout à fait digne d'un philosophe, celle qui consiste à marquer les fins diverses auxquelles les phénomènes naturels ont été adaptés, et pour lesquelles ils ont été inventés originairement avec une indicible sagesse. Troisièmement, il n'y a point de motif à prendre de ce qui précède, pour nous porter à abandonner l'étude de l'histoire de la nature, à renoncer aux observations et aux expériences. Si elles sont utiles aux hommes, si elles nous conduisent à tirer des conclusions générales, ce n'est point à cause de relations ou manières d'être immuables, données dans les choses elles-mêmes, mais uniquement par l'effet de la bonté de Dieu et de la bienveillance qu'il témoigne aux hommes dans l'administration du monde. (Voyez §§ 30 et 31.) Quatrièmement, une observation diligente des phénomènes à notre portée peut nous conduire à la connaissance des lois générales de la nature, et de là à la déduction des autres phénomènes. Je ne dis pas à leur *démonstration,* car toutes les déductions de cette espèce dépendent de la supposition que l'Auteur de la nature opère toujours d'une manière uniforme, et en observant constamment ces règles que *nous* prenons pour des principes ; et c'est ce que nous ne pouvons savoir avec évidence.

108. [Il ressort des sections 66 et suivantes que les méthodes constantes et régulières de la nature peuvent être nommées, sans impropriété, le langage dont son Auteur se sert pour nous découvrir ses attributs et diriger nos actes vers la commodité et le bonheur de la vie humaine. Et, pour moi], ceux qui formulent des

règles générales d'après les phénomènes, et ensuite déduisent les phénomènes de ces règles, me semblent considérer des signes plutôt que des causes, [être des grammairiens, et leur art la grammaire de la nature. Il y a deux manières de s'instruire dans ce langage : l'une par la règle, l'autre par la pratique.] Un homme peut bien le lire et ne pas comprendre la grammaire, n'être pas capable de dire en vertu de quelle règle une chose est telle ou telle[2]. Et de même qu'il est fort possible d'écrire improprement, tout en observant strictement les règles de la grammaire, ainsi il peut arriver qu'en arguant des lois générales nous étendions l'analogie trop loin, et que nous tombions ainsi dans l'erreur.

109. [Continuons la comparaison.] De même que dans ses lectures, un homme sage aime mieux donner son attention au sens, et en tirer profit, que de s'arrêter à des remarques grammaticales sur le langage, ainsi en lisant le livre de la nature il me semble au-dessous de la dignité de l'esprit d'affecter une rigoureuse exactitude dans la réduction de chaque phénomène particulier à des règles générales, ou dans l'explication de la manière dont il résulte de ces règles. Nous devons nous proposer de plus nobles objets, comme d'élever et de récréer l'intelligence par la contemplation de la beauté, de l'ordre, de la grandeur et de la variété des choses naturelles ; puis d'agrandir par des inférences convenables les notions que nous possédons de la magnificence, de la sagesse et de la bonté du Créateur ; faire servir, enfin, autant qu'il est en nous, les différentes parties de la nature aux fins pour lesquelles elles ont été destinées : la gloire de Dieu, notre conservation et notre bien-être et ceux des créatures nos semblables.

110. [La meilleure grammaire de l'espèce dont nous parlons, est, on le reconnaîtra sans peine, un traité de *Mécanique*,

démontré et appliqué à la nature par un philosophe d'une nation voisine, que le monde entier admire[3]. Je ne me permettrai pas de faire des remarques sur l'œuvre exécutée par ce génie extraordinaire. Seulement certaines choses qu'il a avancées sont si directement contraires à la doctrine que j'ai exposée jusqu'ici, que je croirais manquer à ce qu'on doit à l'autorité d'un si grand homme si je passais sans m'y arrêter[4].] Au début de ce traité justement admiré, le temps, l'espace et le mouvement sont distingués en *absolus* et *relatifs, vrais* et *apparents, mathématiques* et *vulgaires*. Cette distinction, ainsi que l'auteur l'explique amplement, suppose que ces quantités ont une existence hors de l'esprit, et qu'elles sont ordinairement conçues en relation avec les choses sensibles, avec lesquelles néanmoins elles ne soutiennent, en leur nature propre, aucune relation.

111. Quant au *temps,* il est pris là dans un sens absolu ou abstrait, pour la durée ou continuation d'existence des choses ; je n'ai donc rien à ajouter à ce que j'ai dit à ce sujet (§§ 97 et 98). Quant aux autres notions, le célèbre auteur admet un *espace absolu*, qui, n'étant pas percevable aux sons, reste partout semblable à lui-même et immobile ; puis un espace relatif, pour en être la mesure, lequel étant mobile et défini par sa situation à l'égard des corps sensibles, est pris vulgairement pour l'espace immobile. Il définit le *lieu* une partie de l'espace occupée par un corps ; et selon que l'espace est absolu ou qu'il est relatif, le lieu est tel aussi. Le *mouvement absolu* est dit être le transport d'un corps d'un lieu absolu à un autre lieu absolu ; et, pareillement, le mouvement relatif, d'un lieu relatif à un autre lieu relatif. Et comme les parties de l'espace absolu ne tombent pas sous nos sens, nous sommes obligés de les remplacer par leurs mesures sensibles, et de définir le lieu et le mouvement par rapport à des

corps que nous regardons comme immobiles. Mais on nous dit que nous devons, en matière philosophique, juger abstraction faite de nos sens, puisqu'il se peut que nul de ces corps qui nous semblent en repos ne le soit effectivement : et que la même chose qui est mue relativement, soit réellement en repos ; de même aussi qu'un seul et même corps peut être en même temps en repos et en mouvement relatifs, ou se trouver mû en même temps de mouvements relatifs contraires, suivant que son lieu est défini de différentes manières. Toutes ces ambiguïtés doivent se rencontrer dans les mouvements apparents, mais non dans le mouvement vrai, ou absolu, qui seul, par conséquent, est à considérer en philosophie. Et les mouvements vrais se distinguent, nous dit-on, des mouvements apparents ou relatifs par les propriétés suivantes : 1° Dans le mouvement vrai ou absolu, toutes les parties qui conservent les mêmes positions par rapport au tout partagent les mouvements du tout ; 2° Si le lieu se meut, ce qui occupe le lieu se meut aussi, en sorte qu'un corps qui se meut dans un lieu lui-même en mouvement participe au mouvement de son lieu ; 3° Un mouvement vrai n'est jamais produit ou modifié autrement que par une force appliquée au corps lui-même ; 4° Un mouvement vrai est toujours modifié par une force appliquée au corps mû ; 5° Dans un mouvement circulaire qui n'est que relatif, il n'y a pas de force centrifuge, tandis que dans le mouvement circulaire vrai, ou absolu, la force centrifuge est proportionnelle à la quantité de mouvement.

112 . Mais , nonobstant ces propositions je dois avouer qu'il me semble à moi qu'il ne peut exister de mouvement, si ce n'est relatif. Pour concevoir un mouvement, il faut concevoir au moins deux corps dont la distance ou position mutuelle est changée. Si donc il n' existait qu'un corps unique, il ne serait pas possible

qu'il se mût. Ceci me semble très évident, en ce que l'idée que j'ai du mouvement implique nécessairement relation . [Quant à savoir si d'autres peuvent l' entendre différemment, un peu d'attention leur montrera ce qu'il en est.]

113 . Mais quoique, en tout mouvement, on doive nécessairement concevoir plus d' un corps, il peut se faire cependant qu'un seul se meuve, à savoir, celui auquel est appliquée la force qui cause le changement dans la distance ou la situation des corps. Sans doute le mouvement relatif peut s'entendre de telle sorte que tout corps s'appelle *mû* duquel la distance vient à changer par rapport à un autre corps, soit que la force < ou action > qui cause le changement lui soit ou non appliquée à lui-même. Cependant je ne saurais accepter cette manière de voir, puisque l'on nous dit que le mouvement relatif est celui qui est perçu par les sens et qui regarde les choses ordinaires de la vie, et dans ce cas tout homme pourvu de sens commun doit savoir ce que c'est aussi bien que le plus grand philosophe ; or, je le demande à tout homme, en ce sentiment qu'il a de son mouvement quand il va dans les rues, les pierres qu'il dépasse peuvent-elles être dites *se mouvoir* par la raison que la distance où elles sont de ses pieds change ? Il me semble qu'encore que le mouvement implique relation d'une chose à une autre, il n' est pas nécessaire pour cela que le nom de la relation s'applique à chacun de ses deux termes. Un homme peut bien penser à quelque chose qui ne pense pas. De même un corps peut être mû, s'approcher ou s'éloigner d'un autre corps, sans que celui-ci soit en mouvement . [Je parle du mouvement relatif, car je ne saurais en concevoir un autre.]

114 . Suivant que le lieu est défini de différentes manières, le mouvement qui y est relatif varie. Un homme dans un vaisseau peut se dire en repos par rapport aux côtés du bâtiment, et en

mouvement par rapport au rivage. Il peut se mouvoir vers l'est, au regard de l'un, et vers l'ouest au regard de l'autre. Dans les choses de la vie, les hommes ne vont jamais plus loin que la Terre pour définir le lieu d'un corps ; et ce qui est en repos relativement à elle passe pour l'être absolument. Mais les philosophes, qui étendent plus loin leurs pensées, et possèdent des notions plus justes sur le système du Monde, ont découvert que la Terre elle-même se meut. Ils semblent donc, afin de fixer leurs idées, concevoir le monde corporel comme fini, et prendre ses parois les plus immobiles, sa coque, pour le lieu qui peut servir à juger des vrais mouvements. Si nous sondons nos propres conceptions, nous reconnaîtrons, je crois, que tout mouvement absolu dont nous pouvons nous former une idée n'est autre au fond que le mouvement relatif ainsi défini. Car, ainsi qu'on l'à déjà observé, le mouvement absolu, à l'exclusion de toute relation externe, est incompréhensible ; et, à cette espèce de mouvement relatif, toutes les propriétés, causes et effets, mentionnées ci-dessus et assignées au mouvement absolu, se trouveront, si je ne me trompe, applicables. Quant à ce qu'on a dit de la force centrifuge, qu'elle n'appartient nullement au mouvement circulaire relatif, je ne vois point comment on peut déduire cela de l'expérience qu'on allègue à l'appui (Voyez Newton, *Philosophiae naturalis principia mathematica, Def.* VIII, *Schol.*) ; car l'eau contenue dans le vase, au moment où elle est dite avoir le plus grand mouvement circulaire relatif, n'a, je pense, aucun mouvement. C'est ce qui est évident d'après le § précédent.

115. En effet, pour qu'on dise qu'un corps *est mû,* il faut : 1° que sa distance ou sa situation par rapport à quelque autre corps éprouve un changement ; 2° que la force qui cause ce changement lui soit appliquée. Si l'une de ces conditions manque, je ne

pense pas que le sentiment des hommes ni la propriété du langage permettent de dire un corps en mouvement. J'accorde, sans doute, qu'il nous est possible de penser qu'un corps est mû quand nous voyons sa distance à quelque autre changer, quoique aucune force ne lui soit appliquée (c'est en ce sens qu'il peut y avoir des mouvements apparents) ; mais c'est alors parce que nous imaginons que la force qui cause le changement de distance est appliquée ou imprimée à ce corps que nous pensons se mouvoir. Et cela montre en vérité que nous sommes capables de nous tromper et de regarder comme en mouvement une chose qui n'est pas en mouvement ; et c'est tout[5].

116. Il s'ensuit de ce que nous avons dit que la considération philosophique du mouvement n'implique point l'être d'un *espace absolu* distinct de celui qui est perçu par les sens et rapporté aux corps. Qu'un tel espace ne puisse exister hors de l'esprit, cela résulte des mêmes principes qui servent à une semblable démonstration par rapport à tout objet des sens. Et peut-être trouverions-nous, en étudiant la question de près, que nous ne pouvons pas même nous former une idée d'un *espace pur* à l'exclusion de tout corps. C'est du moins une tâche au-dessus de ma capacité, je l'avoue, car il s'agit d'une idée abstraite au plus haut degré. Lorsque j'excite un mouvement en quelque partie de mon corps, s'il se fait librement et sans résistance, je dis : il y a de l'*espace ;* et si j'éprouve une résistance : il y a un *corps ;* et dans la mesure où la résistance au mouvement est plus grande ou moindre, je dis que l'espace est plus ou moins *pur ;* en sorte que, quand je parle de l'espace pur ou vide, il ne faut pas entendre par le mot espace une idée distincte du corps et du mouvement, ou concevable en dehors d'eux, quoique nous soyons enclins à penser que tout nom substantif représente une

idée distincte et séparable de toutes les autres, ce qui est la source d'une infinité d'erreurs. Quand donc je suppose le monde anéanti, à l'exception de mon propre corps, et que je dis que l'*espace pur* subsiste encore, cela veut dire seulement que dans cette hypothèse, je conçois la possibilité d'un mouvement de mes membres, en toutes directions, sans qu'ils éprouvent la moindre résistance. Mais si mon corps à son tour était anéanti, alors il n'y aurait plus de mouvement, et par conséquent plus d'espace. Peut-être pensera-t-on ici que le sens de la vue nous suggère l'idée de l'espace pur, mais il résulte clairement de ce que j'ai montré ailleurs, que les idées d'espace et de distance ne sont pas obtenues par le moyen de ce sens. (Voyez *Essai sur la vision.*)

117. Les vérités que nous établissons mettent fin, ce semble, à toutes les difficultés et disputes élevées parmi les savants, concernant la nature de l'*espace pur*. Mais le principal avantage qui nous en revient est d'être délivrés du dangereux dilemme auquel se jugent réduits plusieurs de ceux qui ont appliqué leurs pensées à ce sujet : ou de croire que l'Espace réel est Dieu, ou d'admettre qu'il y a quelque autre chose que Dieu d'éternel, incréé, infini, indivisible, immuable. Ces deux manières de voir peuvent être à bon droit regardées comme également pernicieuses et absurdes. Il est certain qu'ils ne sont pas peu nombreux, les théologiens aussi bien que les philosophes de grande notoriété, qui ont été conduits par la difficulté qu'ils ont trouvée, soit à concevoir l'espace limité, soit à le concevoir annihilé, à conclure qu'il doit être divin. Et quelques-uns, dans ces derniers temps, se sont appliqués particulièrement à montrer que les attributs incommunicables de Dieu lui conviennent[6]. Quelque indigne qu'une telle doctrine puisse paraître de la Nature divine,

j'avoue que je ne vois point comment nous pouvons y échapper tant que nous demeurons attachés aux doctrines reçues.

118. Après nous être occupés de la philosophie naturelle, arrivons à quelques questions concernant l'autre grande branche de la connaissance spéculative : les mathématiques. Quelque vantées que ces sciences puissent être, pour cette clarté et cette certitude dans la démonstration, qu'il est ailleurs difficile de rencontrer, on ne saurait néanmoins les supposer entièrement exemptes d'erreurs, s'il se trouve qu'elles recèlent en leurs principes quelque fausse notion que les hommes qui les professent ont en commun avec le reste de l'humanité. Les mathématiciens déduisent leurs théorèmes avec un haut degré d'évidence, mais leurs premiers principes ne laissent pas de se trouver limités à la considération de la quantité. Ils ne s'élèvent pas à des recherches concernant les maximes transcendantales qui influent sur toutes les sciences particulières, et qui, si elles sont erronées, leur communiquent l'erreur à toutes, sans excepter les mathématiques. Que les principes posés par les mathématiciens soient vrais, et que la méthode de déduction dont ils se servent soit claire et incontestable, je ne le nie point. Mais je tiens qu'il peut y avoir certaines maximes fausses dont la portée dépasse l'objet des mathématiques, et qui, pour cette raison, ne sont point mentionnées expressément, mais bien tacitement supposées, dans tout le cours de cette science. Or les mauvais effets de ces erreurs secrètes qu'on n'examine pas se font sentir dans toutes ses branches. À parler franchement, je soupçonne que les mathématiciens ne sont pas moins profondément intéressés que les autres hommes dans les erreurs nées de la doctrine des idées abstraites et de l'existence des objets hors de l'esprit.

119. On a regardé l'arithmétique comme ayant pour objet les

idées abstraites de *nombre* ; et la connaissance des propriétés et rapports mutuels des nombres passe pour une partie d'importance non médiocre de la connaissance spéculative. L'opinion qu'on a eue de la pure et intellectuelle nature des nombres, dans l'abstrait, les a mis en estime auprès de ces philosophes qui ont affecté une élévation et un raffinement extraordinaires de la pensée. C'est ce qui a donné du prix aux plus frivoles spéculations numériques, de nul usage dans la pratique et bonnes seulement pour amuser ; et certains esprits ont été atteints de cette manie au point de rêver de profonds mystères enveloppés dans les nombres, et de vouloir les employer à l'explication des choses naturelles. Mais si nous examinons bien nos propres pensées, en réfléchissant à ce qui a été dit ci-dessus, nous prendrons peut-être une pauvre idée de ces abstractions de haute volée, et nous regarderons les recherches qui portent exclusivement sur les nombres comme autant de *difficiles nugæ,* en ce qu'elles ont d'inutile dans la pratique ou pour ajouter aux avantages de la vie humaine.

120. Nous avons déjà parlé de l'*unité* dans l'abstrait (§ 13). Il résulte de ce que nous avons dit là, et dans l'introduction du présent ouvrage, qu'il n'existe point une telle idée. Et, comme le nombre est défini « une collection d'unités », on peut en conclure que, s'il n'existe pas telle chose que l'unité, ou l'un en abstrait, il n'existe pas non plus d'idées des nombres en abstrait, désignés par les noms numéraux et les chiffres. Si donc, en arithmétique, les théories sont abstraites des noms et des chiffres, comme aussi de toute application ou emploi, et des choses nombrées particulières, il est permis de supposer qu'elles sont absolument sans objet. On voit par là combien la science des nombres est subordonnée à la pratique et à quel point elle devient futile et vide quand on en fait matière de pure spéculation.

121. Cependant, comme il y a des personnes qui se laissent tromper par la spécieuse illusion de découvrir des vérités abstraites, et qui perdent leur temps à des théorèmes ou problèmes arithmétiques de nul usage, il ne sera pas mal que nous mettions plus pleinement en évidence la vanité de cette prétention. Elle ressortira pour nous d'un examen de l'arithmétique, considérée dans son enfance. Demandons-nous quel motif a porté primitivement les hommes à une telle étude, et quel objet ils se sont proposé. Il est naturel de penser que tout d'abord, afin de venir en aide à leur mémoire et de faciliter le calcul, ils se sont servis de jetons, ou qu'ils ont tracé de simples traits, marqué des points, ou tout autre signe analogue, chacun desquels était pris pour signifier une unité, à savoir une chose unique de l'espèce dont ils se trouvaient avoir à faire le compte. Ensuite ils imaginèrent des moyens abrégés de faire qu'un seul caractère tint lieu de plusieurs traits ou points. Finalement la notation des Arabes, ou des Indiens, vint en usage et permit d'exprimer dans la perfection tous les nombres par la répétition d'un petit nombre de caractères ou chiffres, dont la signification varie selon la place qu'on leur donne. Cette invention semble avoir été faite en imitation du langage, tant l'analogie est exacte entre les deux notations, l'une par noms, l'autre par chiffres, les neuf chiffres simples correspondant aux neuf premiers noms numéraux, et les places données aux chiffres, d'un côté, correspondant aux dénominations, de l'autre. En se conformant à ces conditions établies touchant les valeurs simples et les valeurs de position des chiffres, on a trouvé des méthodes pour déterminer, d'après les chiffres ou marques désignant les parties, les chiffres et positions de chiffres voulus pour représenter le tout de ces parties – ou *vice versa*. Dès que les chiffres cherchés sont obtenus grâce à la

constante observation de la même règle, ou analogie, il est facile de les lire en leur substituant des mots, et le nombre est ainsi parfaitement connu ; car on dit que le nombre de certains objets particuliers est connu quand on connaît le nom ou les chiffres (les chiffres en leur due disposition) qui se rapportent à ce nombre en vertu de l'analogie établie. En effet, connaissant ces signes, nous pouvons par les opérations de l'arithmétique connaître les signes de toute partie des sommes particulières qu'ils signifient, et faisant ainsi porter le calcul sur les signes (à cause de la connexion établie entre eux et les multitudes distinctes des choses dont l'une est prise pour une unité), nous avons la faculté d'additionner, diviser et comparer correctement les choses que nous voulons nombrer.

122. Nous considérons donc en arithmétique non les *choses,* mais les *signes,* les signes qui néanmoins ne sont pas des objets d'étude pour eux-mêmes, mais qui nous dirigent dans nos actes à l'égard des choses et dans la manière convenable de disposer d'elles. Or il arrive, conformément à ce que nous avons observé touchant les mots en général (Introduction, § 19), qu'ici aussi l'on croit que les noms numéraux ou les caractères signifient des idées abstraites, du moment qu'ils ne suggèrent plus à l'esprit des idées de choses particulières. Je n'entrerai pas maintenant dans une dissertation plus détaillée sur ce sujet, mais je remarquerai qu'il résulte évidemment de ce qui a été dit que tout ce qui passe pour vérités abstraites et théorèmes concernant les nombres ne porte en réalité sur nul objet distinct des choses particulières nombrables, si ce n'est toutefois sur des noms et des caractères. Et ceux-ci se sont présentés uniquement à l'origine en qualité de signes, et comme propres à représenter les choses particulières, quelles qu'elles fussent, que les hommes avaient besoin de

compter. Il suit de là que de les étudier pour eux-mêmes serait tout juste aussi sage et bien entendu que si, négligeant l'emploi véritable, l'intention première et le service d'utilité du langage, on consacrait son temps à des critiques déplacées sur les mots, ou à des raisonnements et à des controverses purement verbales.

123. Passons des nombres à l'*étendue*, qui est l'objet de la géométrie. La divisibilité *infinie* de l'étendue *finie*, encore qu'on ne l'ait point expressément posée comme un axiome, ou comme un théorème, dans les éléments de cette science, s'y trouve cependant partout supposée ; et on la regarde comme ayant une connexion si essentielle avec les principes et les démonstrations, comme en étant tellement inséparable, que les mathématiciens n'élèvent jamais un doute à son sujet et ne la mettent pas en question. Cette notion est la source de tous ces ridicules paradoxes géométriques qui répugnent si directement au simple sens commun et ne pénètrent qu'avec tant de peine dans un esprit que l'érudition n'a point encore gâté ; et c'est aussi la principale cause de toutes ces finesses, de cette extrême subtilité qui rend l'étude des mathématiques si difficile et si ennuyeuse. D'après cela, si nous pouvons montrer qu'une étendue *finie* ne contient pas des parties innombrables, n'est pas infiniment divisible, nous débarrasserons la géométrie d'un grand nombre de difficultés et de contradictions qu'on a toujours regardées comme un sujet de reproche pour la raison humaine ; et en même temps nous rendrons l'étude de cette science beaucoup plus courte et moins pénible qu'elle ne l'a été jusqu'ici.

124. Toute étendue particulière finie qui peut être l'objet de notre pensée est une *idée* qui n'existe que dans l'esprit et dont, par conséquent, chaque partie doit être perçue. Si donc je ne puis percevoir des parties innombrables dans une étendue finie, que je

considère, il est certain qu'elles n'y sont pas contenues ; or il est évident que je ne puis distinguer des parties innombrables dans une ligne ou surface, ou dans un solide que je perçois par les sens, ou que je me figure en mon esprit ; je conclus donc qu'elles n'y sont pas contenues. Rien n'est plus clair pour moi que ceci : que les étendues que j'envisage ne sont autre chose que mes propres idées ; et il n'est pas moins clair que je ne puis résoudre une de mes idées en un nombre infini d'autres idées ; en d'autres termes, que mes idées ne sont pas infiniment divisibles. Si l'on entend par *étendue finie* quelque chose de distinct d'une idée finie, je déclare que je ne sais ce que c'est ; je ne pourrais en ce cas en affirmer ou nier quoi que ce soit. Mais si les mots *étendue, parties,* etc., sont pris en un sens concevable, à savoir pour des idées, dire qu'une étendue finie, une quantité finie est composée de parties infinies en nombre, c'est une contradiction si visible, si éclatante, que chacun la reconnaît au premier coup d'œil ; et il est impossible qu'une créature raisonnable y donne son assentiment, à moins d'y être conduite par degrés, à tout petits pas : comme un Gentil converti peut l'être à la croyance de la transsubstantiation. Des préjugés anciens et enracinés se changent souvent en principes, et ces propositions qui ont une fois acquis la force et le crédit d'un *principe* passent pour être dispensées d'examen par privilège, elles d'abord, et puis aussi tout ce qu'on en peut déduire. Il n'y a pas d'absurdité si grossière que, par ce moyen, l'esprit de l'homme ne puisse être disposé à avaler.

125. Celui dont l'entendement est prévenu en faveur de la doctrine des idées abstraites peut [aisément] se persuader que (quoi que l'on pense d'ailleurs des idées des sens) l'étendue, *en abstrait,* est infiniment divisible. Et quiconque pense que les objets des sens existent hors de l'esprit pourra être amené par là à

admettre qu'une ligne qui n'a qu'un pouce de long peut contenir des parties innombrables, réellement existantes, quoique trop petites pour être discernées. Ces erreurs sont ancrées dans les intelligences des géomètres, aussi bien que dans celles des autres hommes, et influencent pareillement leurs raisonnements ; et il ne serait pas difficile de montrer que les arguments géométriques dont on fait usage pour soutenir l'infinie divisibilité de l'étendue ont là leur fondement. [Nous trouverons plus tard, si c'est nécessaire, un lieu convenable pour traiter cette question en détail.] À présent, nous remarquerons seulement d'une manière générale la raison qui rend tous les mathématiciens si obstinément attachés à cette doctrine.

126. On a observé ailleurs (Introduction, § 15) que les théorèmes et démonstrations de la géométrie ont trait à des idées universelles, et l'on a expliqué en quel sens cela doit être compris : savoir que les lignes et figures contenues dans le diagramme, sont censées là pour d'autres innombrables de différentes dimensions. En d'autres termes, le géomètre les considère abstraction faite de leur grandeur ; ce qui n'implique point qu'il se forme une idée abstraite, mais seulement qu'il ne s'occupe pas de telle ou telle grandeur particulière ; qu'il regarde ce point comme chose indifférente pour la démonstration. Il suit de là qu'une ligne sur le plan, pas plus longue qu'un pouce, peut être traitée dans le raisonnement, comme si elle contenait dix mille parties, puisqu'on ne l'envisage pas en elle-même, mais en tant qu'elle est universelle. Et si elle est universelle, c'est seulement dans sa signification, en vertu de laquelle elle *représente* d'innombrables lignes plus grandes qu'elle, et qui peuvent se prêter à la distinction de dix mille parties ou plus, en leur contenu, tandis qu'elle-même peut n'être pas de plus d'un pouce. De cette

manière, les propriétés des lignes signifiées sont transférées à leurs signes, par une figure de rhétorique usuelle, et c'est là le point de départ de l'erreur qui les attribue effectivement à ceux-ci, considérés en leur propre nature.

127. Comme il n'existe point de nombre de parties si grand qu'il ne soit possible qu'une certaine ligne en contienne encore davantage, la ligne d'un pouce est dite en contenir plus qu'aucun nombre assignable ; et cela est vrai, non du pouce pris absolument, mais des choses dont il est le signe. Les hommes ne retenant pas cette distinction en leurs pensées glissent dans la croyance que cette petite ligne particulière tracée sur le papier contient des parties innombrables. Il n'existe pas telle chose que la dix-millième partie d'un pouce ; mais telle chose existe pour un mille géographique, ou pour le diamètre terrestre, que ce pouce peut signifier. Si donc je trace un triangle sur le papier et que je donne à l'un de ses côtés une longueur qui ne dépasse pas un pouce, par exemple, mais qui me représente le rayon de la terre, je le considérerai comme divisé en 10 000 en 100 000 parties ou plus. Et en effet, quoique la dix-millième partie de cette ligne considérée en elle-même ne soit rien du tout et puisse, par conséquent, être négligée sans erreur ou inconvénient aucun ; comme les lignes tracées ne font que marquer des quantités plus grandes, desquelles il se peut que la dix-millième partie soit très considérable, il faut que, pour prévenir de notables erreurs dans la pratique, le rayon soit tenu pour être formé de dix mille parties ou plus.

128. On voit clairement d'après ceci, pour quelle raison, en vue de l'universalité de l'application d'un théorème, il faut qu'on parle des lignes tracées sur le papier comme si elles contenaient des parties qu'elles ne contiennent réellement pas, en quoi

faisant, on reconnaîtra peut-être par un examen approfondi de la matière, que nous ne saurions concevoir un millier de parties, entrant dans la composition d'un pouce, mais seulement dans la composition d'une autre ligne beaucoup plus grande que lui, qu'il représente. Et quand nous disons qu'une ligne est *infiniment divisible* nous entendons (si tant est que nous entendions par là quelque chose) une ligne *infiniment grande*[7]. L'observation que nous faisons ici rend bien compte, ce semble, du principal motif qu'on a eu de regarder l'infinie divisibilité de l'étendue finie comme nécessaire en géométrie.

129. Les difficultés et contradictions nées de ce faux principe auraient pu être prises, on le croirait, pour autant de démonstrations propres à le renverser. Mais, en vertu de je ne sais quelle logique, on tient que les preuves *a posteriori* ne sont pas admissibles contre les propositions relatives à l'infini ; comme s'il n'était pas impossible, même à un Esprit Infini, de faire accorder des contradictions, ou comme si quelque chose d'absurde et qui répugne à la raison pouvait avoir une connexion nécessaire avec la vérité ou en découler. Mais qui considérera la faiblesse d'une telle prétention jugera qu'elle a été imaginée pour flatter la paresse de l'esprit, qui aime mieux rester dans un indolent scepticisme que de se donner beaucoup de peine et de pousser jusqu'au bout un examen sévère de principes qu'il a toujours tenus pour vrais.

130. La spéculation sur les infinis a été récemment poussée si loin et s'est développée en de si étranges notions qu'elle a soulevé des scrupules et amené de graves disputes entre les géomètres. Quelques-uns des plus marquants, non contents de regarder les lignes finies comme divisibles en un nombre infini de parties, vont jusqu'à prétendre que chacun de ces infinitési-

maux est lui-même subdivisible en une infinité d'autres parties, ou infinitésimaux du deuxième ordre, et ainsi de suite *ad infinitum*. Ceux-là, dis-je, assurent qu'il existe des infinitésimaux d'infinitésimaux d'infinitésimaux sans fin ; si bien que, suivant eux, un pouce ne contient pas seulement un nombre infini, mais une infinité d'infinités d'infinités de parties *ad infinitum*. D'autres pensent que tous les ordres d'infinitésimaux au-dessous du premier ne sont absolument rien, jugeant avec juste raison qu'il est absurde d'imaginer l'existence d'une quantité ou partie positive d'étendue, telle que, multipliée à l'infini, elle ne puisse jamais arriver à égaler la plus petite étendue donnée. Et d'un autre côté, il n'est pas moins absurde de penser que le carré, le cube ou toute autre puissance d'une racine positive réelle ne soit elle-même absolument rien ; et pourtant c'est à quoi sont obligés ceux qui admettent les infiniment petits du premier ordre en niant ceux des ordres suivants[8].

131. N'avons-nous pas raison de conclure que *les uns et les autres* sont également dans le faux, et qu'il n'existe pas en effet telle chose que des parties infiniment petites, ou un nombre infini de parties contenu dans une quantité finie ? Mais, direz-vous, si cette doctrine est acceptée, il faudra donc que la géométrie soit ruinée jusque dans ses fondements, et que les grands hommes qui ont élevé cette science à une si étonnante hauteur, aient passé leur temps à bâtir des châteaux en l'air. On peut répondre à cela que tout ce qui est utile en géométrie et tourne à l'avantage de la vie humaine demeure ferme et inébranlable, selon nos principes ; que même la science, envisagée sous son aspect pratique, doit tirer profit de ce que nous avons déjà dit, plutôt qu'en recevoir aucun préjudice. Mais pour bien éclaircir la question [et montrer comment les lignes et les figures peuvent être mesurées, leurs

propriétés étudiées, sans supposer l'infinie divisibilité d'une étendue finie], il y aura lieu de traiter ce sujet dans un autre endroit[9]. Au surplus, s'il arrivait que quelques-unes des parties les plus compliquées et les plus subtiles des mathématiques spéculatives dussent être retranchées, sans que la vérité en eût rien à souffrir, je ne vois pas quel dommage il en résulterait pour l'humanité. Je crois, au contraire, qu'il serait hautement à désirer que des hommes du plus grand talent, capables de l'application la plus opiniâtre, retirassent leurs pensées de ces amusements pour les reporter sur des études moins éloignées des intérêts de la vie, ou plus propres à agir directement sur les mœurs.

132. Si l'on m'objecte que des théorèmes incontestablement vrais ont été découverts par des méthodes dans lesquelles il est fait usage des infinitésimales, ce qui ne pourrait pas être si ces sortes de quantités impliquaient contradiction, je répondrai qu'en examinant la chose à fond, on trouvera qu'il n'existe point de cas qui obligent à se servir des parties infiniment petites de lignes finies, ou à en concevoir de telles, ou ne fût-ce que des quantités moindres que le *minimum sensible* ; et, bien plus, on verra évidemment que cela ne se fait jamais, parce que c'est impossible. [Quoi que puissent penser les mathématiciens des fluxions, ou du calcul différentiel, ou de tout autre calcul semblable, un peu de réflexion leur montrera qu'en appliquant ces méthodes, ils ne conçoivent pas, n'imaginent pas des lignes ou surfaces moindres que ce qui est perceptible aux sens. Ils peuvent bien, si cela leur plaît, appeler des quantités très petites et presque insensibles des infinitésimales, et des infinitésimales d'infinitésimales ; mais c'est là tout, dans le fond, ces quantités étant finies en réalité ; et la solution des problèmes n'exige pas qu'on en suppose d'autres. Mais ceci sera établi ailleurs plus clairement.]

133. Il est donc clair que de nombreuses et importantes erreurs sont nées de ces faux principes qui ont été combattues dans les parties précédentes de ce Traité ; tandis que les principes opposés semblent on ne peut plus avantageux, et mènent à de très nombreuses conséquences d'une haute utilité pour la vraie philosophie, aussi bien que pour la religion. On a montré particulièrement que la *Matière*, ou l'*existence absolue des objets corporels* est la principale forteresse en laquelle les ennemis les plus déclarés et les plus pernicieux de toute connaissance humaine ou divine ont toujours placé leur confiance. Et certes, si en distinguant l'existence réelle des choses non pensantes d'avec leur être-perçu et en leur reconnaissant une existence propre en dehors des esprits des êtres spirituels (*minds of spirits*), on n'explique rien dans la nature ; si on soulève, au contraire, beaucoup d'insurmontables difficultés ; si la supposition de la Matière est précaire et ne peut invoquer même une seule raison en sa faveur ; si ses conséquences ne supportent pas la lumière de l'examen et de la libre recherche, mais se dérobent sous l'obscurité de ce prétexte général « que des infinis sont incompréhensibles » ; si, d'ailleurs, écarter la croyance à cette *matière*, ce n'est pas s'exposer à la moindre conséquence fâcheuse ; si non seulement rien ne nous fait faute alors dans le monde, mais que tout se conçoive aussi bien et même mieux sans elle ; si enfin les sceptiques et les athées sont réduits pour jamais au silence, grâce à cette résolution de ne recevoir plus que des esprits (*spirits*) et des idées, un tel système des choses, parfaitement conforme qu'il est et à la Raison et à la Religion, devrait ce me semble être admis et fermement embrassé, alors même qu'il ne serait proposé qu'en manière d'*hypothèse,* et qu'on accorderait la possibilité de l'existence de

la Matière. Or je pense en avoir démontré avec évidence l'impossibilité.

134. Il est vrai qu'en conséquence des principes précédents, nombre de spéculations et de disputes, qu'on estime n'être pas la partie la moins élevée de la science, se trouvent rejetées comme sans utilité [et comme ne portant effectivement sur rien]. Mais de quelque grand préjugé que cette considération puisse être la cause, chez ceux qui sont déjà profondément engagés dans des études de cette nature, et qui y font eux-mêmes de grands progrès, contre les notions que nous donnons des choses, nous espérons que les autres ne verront pas une bonne raison de prendre en défaveur les principes et les doctrines que nous présentons ici, dans ce fait qu'elles abrègent l'étude et le travail et rendent les sciences humaines plus claires, plus compendieuses et plus facilement abordables qu'elles n'étaient auparavant.

135. Nous sommes arrivés au terme de ce que nous avions à dire touchant la connaissance des *idées*, et notre méthode nous amène à traiter des *esprits*. Peut-être ne sommes-nous pas, sur ce sujet, aussi ignorants qu'on l'imagine communément. La grande raison qu'on fait valoir pour nous regarder comme ne sachant rien de la nature des esprits, c'est que nous ne possédons point l'*idée* de cette nature. Mais assurément, on ne doit pas voir un défaut de l'entendement humain dans ce fait qu'il ne perçoit pas l'idée de l'esprit (*does not perceive the idea of Spirit*), s'il est manifestement impossible qu'une telle idée existe ; et, j'ai, si je ne me trompe, établi cette impossibilité ci-dessus (§ 27). J'ajouterai ici qu'il a été montré qu'un esprit est la seule substance, ou support, dans lequel peuvent exister les êtres non pensants, ou idées ; or, que cette *substance* qui soutient ou perçoit les idées

soit elle-même une idée ou semblable à une idée, c'est ce qui est évidemment absurde.

136. On dira peut-être que nous manquons d'un sens (comme quelques-uns l'ont imaginé) pour connaître aussi les substances, sans quoi nous pourrions connaître notre âme comme nous faisons un triangle. Je réponds à cela que dans le cas où un sens de plus nous serait accordé, nous ne pourrions par ce moyen que recevoir de nouvelles sensations, ou idées sensibles. Mais personne ne voudrait sans doute soutenir que ce que nous entendons par les termes d'*âme* et de *substance* ne soit rien qu'une espèce particulière d'idée ou de sensation. Nous pouvons conclure de là que, tout bien considéré, il n'est pas plus raisonnable de penser que nos facultés sont en défaut, en cela qu'elles ne nous fournissent point une idée de l'esprit, ou substance active pensante, qu'il le serait de les accuser de n'être pas aptes à comprendre un *carré rond*.

137. De cette opinion que la connaissance des esprits doit être du genre de nos idées ou sensations, sont sorties de nombreuses doctrines absurdes et hétérodoxes et beaucoup de scepticisme touchant la nature de l'âme. Il est même probable que certains ont conçu de là un doute sur l'existence en eux d'une âme quelconque distincte de leur corps, puisque ils cherchaient en vain et ne pouvaient trouver qu'ils en eussent une idée. Pour réfuter la manière de voir d'après laquelle une *idée*, qui est chose inactive, et dont l'existence consiste à être perçue, serait l'image ou ressemblance d'un agent subsistant par lui-même, il ne faut que faire attention au sens des mots. Mais on dira peut-être qu'encore bien qu'une idée ne puisse ressembler à un esprit, quant au penser et à l'agir de ce dernier, et à sa subsistance par soi, elle le peut pourtant sous d'autres rapports ; et il

n'est pas nécessaire qu'une idée ou image ressemble à l'original sous tous les rapports.

138. Je réponds : si l'idée ne peut représenter l'esprit quant aux choses qui viennent d'être mentionnées, il est impossible qu'elle le représente en aucune autre chose. Ôtez la puissance de vouloir, de penser et de percevoir des idées, il ne reste plus rien en quoi l'idée puisse être semblable à l'esprit. Et, en effet par ce mot *esprit,* nous entendons seulement ce qui pense, veut et perçoit : c'est cela, cela seul, qui constitue la signification du terme. Si donc il n'est pas possible que ces puissances se trouvent à aucun degré représentées dans une idée [ou une notion], il ne peut évidemment y avoir d'idée [ou de notion] d'un esprit.

139. On objectera que s'il n'y a point d'idée dont les mots *âme, esprit, substance* soient les signes, ces mots sont insignifiants et ne portent en eux aucun sens. Je réponds qu'ils marquent et signifient une chose réelle, qui n'est ni idée ni semblable à une idée, mais bien ce qui perçoit les idées, et veut et raisonne à leur sujet. Ce que je suis moi-même, ce que je désigne par ce mot : *moi,* c'est cela même qui est signifié par *âme* ou *substance spirituelle.* [Rien ne serait évidemment plus absurde que de dire ou que je ne suis rien, ou que je suis une idée, ou une notion.] Si l'on prétend que ceci n'est qu'une dispute de mots, et que les significations immédiates des autres noms, recevant d'un commun accord cette appellation : *idées,* il n'y a nulle raison pour ne pas l'appliquer aussi à ce qui est signifié par le nom d'*esprit* ou *âme,* je réponds : tous les objets non pensants de l'esprit ont ceci de commun qu'ils sont entièrement passifs ; leur existence consiste uniquement à être perçus ; l'âme ou esprit, au contraire, est un être actif dont l'existence consiste, non à être

perçu, mais à percevoir les idées et à penser. Il est donc nécessaire, afin de prévenir les équivoques, et d'éviter de confondre des natures parfaitement incompatibles et dissemblables, que nous distinguions entre l'*esprit* et l'*idée*. (Voyez le § 27.)

140. À la vérité, on peut dire, en prenant le mot en un sens large, que nous avons une idée de l'esprit[10], entendant par là que nous comprenons la signification de ce terme, sans quoi nous ne pourrions en affirmer ou nier aucune chose. En outre, comme nous concevons, par le moyen de nos propres idées, les idées qui sont dans les esprits des autres êtres spirituels (*in the minds of other spirits*), en supposant celles-ci semblables aux nôtres, de même aussi nous connaissons les autres êtres spirituels par le moyen de notre âme propre, qui, en ce sens, est leur image ou idée ; car elle est, par rapport à eux, ce que la couleur bleue ou la chaleur que je perçois est à ces mêmes idées perçues par d'autres.

141. [L'immortalité naturelle de l'âme est une conséquence nécessaire de la doctrine précédente. Mais, avant d'en entreprendre la preuve, il convient d'expliquer le sens de cette thèse.] Il ne faut pas supposer que ceux qui affirment l'immortalité naturelle de l'Âme soient d'opinion que l'Âme est absolument incapable d'annihilation, même par le pouvoir infini du Créateur qui lui a donné l'être. Ils entendent seulement qu'elle n'est point sujette à être brisée ou dissoute par l'effet des lois ordinaires de la nature ou du mouvement. À la vérité lorsqu'on tient que l'Âme de l'homme n'est rien qu'une flamme vitale ténue, ou un système d'esprits animaux, on la fait périssable et corruptible à l'égal du corps, rien n'étant plus facile à dissiper qu'un tel corps, naturellement incapable de survivre à la ruine du séjour qui lui est affecté. Et cette notion a été embrassée avec ardeur par la pire

portion de l' humanité, comme le plus puissant des antidotes contre toutes les impressions de la vertu et de la religion. Mais nous avons rendu ceci évident : que les corps, de quelque façon qu'ils soient construits ou composés, sont des idées purement passives dans l' esprit, lequel est plus hétérogène à leur égard et diffère d'eux plus profondément que la lumière des ténèbres. Nous avons montré que l'Âme est indivisible, incorporelle, inétendue ; elle est par conséquent incorruptible. Les mouvements, les changements, les faits de déclin et de dissolution que nous voyons à tout instant atteindre les corps naturels (et c'est cela même que nous entendons par le *cours de la nature*), ne peuvent, rien n'est plus clair, affecter une substance active, simple, étrangère à toute composition. Un tel être n'est donc pas dissoluble par la force de la nature, et, en d'autres termes, *l'âme de l'homme est naturellement immortelle*.

142. D'après cela, il est, je crois, évident que nos âmes ne sauraient être connues de la manière que le sont les objets privés de sens et d'activité, c'est-à-dire par le moyen d'une *idée*. Les *esprits* et les *idées* sont choses si entièrement différentes que, quand nous disons : « ils existent », « ils sont connus », etc., ces mots ne doivent rien impliquer qui fasse penser à une communauté de nature entre les uns et les autres. Entre eux, rien n'est semblable, rien n'est commun. S'attendre à ce que nos facultés, si multipliées ou agrandies qu'elles fussent, nous missent en état de connaître un esprit comme nous connaissons un triangle, cela ne paraît pas moins absurde que si l'on espérait parvenir à *voir un son*. Si j'insiste sur ce point, c'est que j'y vois de l'importance pour éclaircir différentes questions d'un grand intérêt, et prévenir de très dangereuses erreurs concernant la nature de l'âme[11].

143. Il n'est pas hors de propos d'ajouter que la doctrine des

idées abstraites a notablement contribué à rendre ces sciences plus compliquées et plus obscures qui portent spécialement sur les choses spirituelles. Les hommes se sont imaginé qu'ils pouvaient se former des notions abstraites des puissances et actes de l'esprit, et les considérer séparément soit de l'esprit ou être spirituel lui-même, soit de leurs objets et de leurs effets respectifs. De là sont provenus des termes obscurs ou ambigus en grand nombre, qu'on présumait représenter des notions abstraites, et qui se sont introduits dans la métaphysique et dans la morale ; et ces termes ont causé beaucoup de confusion et des disputes infinies parmi les savants.

144. Mais rien ne semble avoir plus poussé les hommes à s'engager dans la controverse et l'erreur, au sujet de la nature et des opérations de l'esprit, que l'habitude de parler de ces choses en termes empruntés aux idées sensibles. Par exemple, on appelle la volonté un *mouvement* de l'âme ; cette expression suggère la pensée que l'esprit de l'homme est comme une balle en mouvement, poussée et déterminée par les objets des sens aussi nécessairement que celle-ci l'est par le choc d'une raquette. De là des difficultés sans fin et des erreurs de dangereuse conséquence pour la morale. Tout s'éclaircirait, je n'en doute pas, et la vérité apparaîtrait, simple, uniforme, d'accord avec elle-même, si les philosophes prenaient seulement le parti [de renoncer à certains préjugés et à des manières de parler communes], de rentrer en eux-mêmes et d'examiner attentivement le sens qu'ils donnent aux mots. [Mais les questions soulevées ici demanderaient à être traitées d'une manière plus particulière que ne le comporte mon plan.]

145. D'après ce que nous avons dit, il est clair que nous ne pouvons connaître l'existence des *autres esprits* autrement que

par leurs opérations, ou par les idées qu'ils excitent en nous. Je perçois différents mouvements, changements et combinaisons d'idées, par où je suis informé de l'existence de certains agents particuliers, semblables à moi, qui vont avec (*which accompany them*) et qui concourent à leur production. La connaissance que j'ai des autres esprits n'est donc pas immédiate, étant une connaissance de mes idées ; elle dépend de l'intervention de ces idées que je rapporte, en tant qu'effets ou signes concomitants, à des agents ou esprits distincts de moi-même.

146. Mais quoiqu'il y ait des choses qui portent en nous cette conviction que les agents humains entrent dans l'acte de les produire, il n'en est pas moins évident pour tous que celles qui portent le nom d'œuvres de la nature, en d'autres termes, la plus grande partie des idées ou sensations que nous percevons ne sont pas produites par les volontés humaines et n'en dépendent point. C'est donc un autre Esprit qui les cause, puisqu'il est inadmissible qu'elles existent par elles-mêmes. (Voyez le § 29.) Mais si nous considérons attentivement la constante régularité, l'ordre et l'enchaînement des choses naturelles, la magnificence admirable, la beauté et la perfection des grandes parties de la création, la merveilleuse invention des moindres et l'harmonie, l'exacte correspondance établie dans l'ensemble ; par-dessus tout, ces lois, qu'on ne saurait assez admirer, de la peine et du plaisir, des instincts ou inclinations naturelles, des appétits et des passions des animaux ; si, dis-je, nous observons toutes ces choses et qu'en même temps nous pensions à la signification et à la valeur des attributs tels que Un, Éternel, Infiniment Sage, Bon et Parfait, nous verrons qu'ils appartiennent à cet Esprit « qui opère tout en tout » et « par qui tout subsiste ».

147. Il suit évidemment de là que Dieu est connu aussi certai-

nement et immédiatement que tout autre esprit ou être spirituel distinct de nous. Nous pouvons même affirmer que l'existence de Dieu est perçue avec beaucoup plus d'évidence que celle des hommes, attendu que les effets de la Nature sont infiniment plus nombreux et plus considérables que ceux que nous rapportons aux agents humains. Il n'y a pas une marque à laquelle se reconnaisse un homme, un effet produit par un homme, et qui ne démontre encore plus fortement l'être de cet Esprit qui est l'Auteur de la nature. Car il est évident que la volonté d'un homme, quand elle affecte d'autres personnes, n'a pas d'autre objet immédiat que de mettre en mouvement ses organes corporels ; mais qu'un tel mouvement soit accompagné d'une idée, ou excite une idée dans l'esprit d'autrui c'est ce qui dépend entièrement de la volonté du Créateur. C'est Lui seul qui, « soutenant toutes choses par la parole de Sa puissance », maintient cette correspondance entre les esprits, par laquelle ils sont aptes à percevoir l'existence les uns des autres. Et pourtant cette pure lumière qui éclaire tout homme est elle-même invisible [à la plus grande partie des hommes].

148. Le prétexte ordinaire du troupeau qui ne pense pas, c'est, paraît-il, qu'on ne peut *voir* Dieu. Si nous pouvions Le voir, disent-ils, comme nous voyons un homme, nous croirions qu'Il est, et croyant en Lui nous suivrions Ses commandements. Mais hélas ! il suffit d'ouvrir les yeux, pour voir le Souverain Seigneur de toutes choses en une plus vive et pleine lumière qu'aucun de nos semblables. Non que j'imagine que nous voyons Dieu (comme certains le voudraient) par une vue directe et immédiate ; ou que nous voyons les choses corporelles non par elles, mais en voyant ce qui les représente dans l'essence de Dieu[12], doctrine incompréhensible pour moi, je dois l'avouer.

Mais j'expliquerai comme je l'entends : – un esprit humain (*human spirit*), une personne, n'est pas perçu par les sens, car il n'est point une idée ; quand donc nous voyons la couleur, le volume, la figure et les mouvements d'un homme, nous ne faisons que percevoir certaines sensations ou idées excitées en nos esprits ; et ces idées qui nous sont offertes en divers assemblages distincts servent à marquer en nous, intérieurement, l'existence d'esprits finis et créés, tels que nous-mêmes. Il est clair, d'après cela, que nous ne voyons nullement un homme, si par *homme* on entend ce qui vit, se meut, perçoit et pense comme nous faisons ; mais que nous voyons un assemblage d'idées de telle nature qu'il nous porte à penser qu'il y a là un principe existant et distinct de pensée et de mouvement semblable à nous-mêmes, qui accompagne cet assemblage, et que cet assemblage représente. Et de la même manière nous voyons Dieu ; toute la différence consiste en ce qu'un esprit humain particulier est dénoté par un assemblage fini et très borné d'idées, au lieu que partout où notre vue se dirige, en tous temps, en tous lieux, nous percevons des signes et gages manifestés de la divinité. Et, en effet, tout ce que nous voyons, entendons et sentons, tout ce que nous percevons par nos sens est un signe ou un effet de la puissance de Dieu ; comme l'est aussi la perception des mouvements mêmes qui sont produits par les hommes.

149. Rien donc n'est plus clair et manifeste pour quiconque est capable de la moindre réflexion, que l'existence de Dieu, d'un Esprit (*Spirit*) intimement présent à nos esprits (minds), qui produit en eux toute cette variété d'idées ou sensations dont nous sommes affectés continuellement, et dans la dépendance entière et absolue duquel nous sommes, et en qui enfin « nous vivons, nous nous mouvons et avons notre être ». Que la découverte de

cette grande vérité, facilement accessible qu'elle est à l'esprit, ait cependant été atteinte par la raison d'un si petit nombre seulement, c'est un triste exemple de l'inattention et de la stupidité des hommes. Ils sont environnés de tant d'éclatantes manifestations de la divinité, et, en même temps si peu touchés, qu'on les dirait aveuglés par un excès de lumière.

150. Mais, direz-vous, la Nature n'a-t-elle point de part à la production des choses naturelles, et faut-il les attribuer toutes à l'unique et immédiate opération de Dieu ? Je réponds : si vous entendez par la *Nature* la série visible des effets, des sensations imprimées en nos esprits suivant des lois fixes et générales, assurément non, la Nature prise en ce sens-là ne saurait produire aucune chose. Et si ce mot *Nature* désigne un être distinct de Dieu, ainsi que des lois de la nature et des choses perçues par les sens, j'avoue qu'il n'est pour moi qu'un pur son dénué de toute signification intelligible. La Nature, en cette acception, est une vaine chimère, introduite par des païens dépourvus de toutes justes notions sur l'omniprésence et l'infinie perfection de Dieu. Mais il est plus inexplicable que des chrétiens la reçoivent, quand les Saintes Écritures, qu'ils professent de croire, rapportent constamment à la main de Dieu, à son action immédiate, ces mêmes effets que les philosophes païens ont coutume d'imputer à la Nature. « Le Seigneur élève les nuées ; Il fait les éclairs avec de la pluie ; Il tire les vents de ses trésors. » (*Jérém.*, X, 13.) « De l'ombre de la mort il fait le matin, et du jour les ténèbres de la nuit. » (*Amos,* V, 8.) « Il visite la terre, Il la rend douce par les ondées ; Il bénit ses produits naissants et couronne l'année dans sa bonté ; en sorte que les pâturages sont vêtus de troupeaux et les vallées sont couvertes de moissons. » (*Ps. LXV.*) Mais encore que ce soit là le constant langage de l'Écriture, nous avons je ne

sais quelle répugnance à croire que Dieu s'intéresse de si près à nos affaires. Nous le supposons volontiers à grande distance de nous, et nous mettons en sa place un délégué aveugle, non pensant, quoique (si nous voulons en croire saint Paul) « Il ne soit pas loin de chacun de nous ».

151. On objectera, sans nul doute, que les méthodes lentes, graduelles, indirectes, qu'on observe dans la production des choses naturelles, ne semblent point avoir pour cause l'*immédiate* main d'un Agent tout-puissant. De plus, les monstres, les naissances prématurées, les fruits flétris dans la fleur, les pluies qui tombent dans le désert, les misères auxquelles la vie humaine est sujette, et autres semblables choses sont autant d'arguments pour prouver que le système entier de la nature n'est pas soumis à l'action immédiate et à la direction d'un Esprit infiniment sage et bon. La réponse à cette objection ressort en grande partie de ce qu'on a dit (§ 62) ; car il est visible que la nature doit, de nécessité absolue, procéder de cette manière pour que l'œuvre du Créateur soit conforme à des règles simples et générales, liée et coordonnée en toutes ses parties ; ce qui démontre à la fois la sagesse et la bonté de Dieu. [Et il résulte de là que le doigt de Dieu n'est pas si manifeste pour le pécheur déterminé et sans souci, lequel prend occasion de l'obscurité pour s'endurcir dans son impiété, et aller mûrissant pour la vengeance[13]. (Voyez § 57)]. Tel est l'arrangement plein d'art de cette puissante machine de la nature, que, tandis que ses mouvements et ses phénomènes variés frappent nos sens, la main qui met tout en acte échappe à la vue des hommes de chair et de sang. « Vraiment, dit le prophète, tu es un Dieu qui se cache. » (*Isaïe,* XLV, 15.) Mais quoique le Seigneur se dérobe aux yeux du sensuel et du paresseux, qui ne veut pas se mettre en frais de pensée, rien pourtant

n'est plus clairement lisible à un esprit attentif et sans préventions que l'intime présence d'un Esprit tout-sage qui façonne, règle et soutient le système entier des choses. – En second lieu, il est clair, d'après ce que nous avons fait observer ailleurs, qu'il est tellement utile, pour que nous puissions nous guider dans les affaires de la vie et pénétrer dans les secrets de la nature, que l'opération des choses soit conforme à des lois générales et fixes, que, sans cela, toute l'étendue et la portée de la pensée, toute la sagacité et les plans de l'homme seraient entièrement vains et de nul usage. Il serait même impossible que de telles facultés ou puissances existassent dans l'esprit. (Voyez § 31.) Cette unique considération fait mieux que balancer les inconvénients particuliers que peut présenter le système des lois.

152. Mais nous devons encore considérer que les imperfections mêmes et les défauts de la nature ont leur utilité, en ce qu'ils produisent une espèce de variété agréable, et augmentent la beauté du reste de la création, de même que les ombres, en peinture, servent à faire ressortir les parties brillantes et lumineuses. Nous ferions bien aussi d'examiner si, quand nous taxons d'imprudence l'Auteur de la nature, pour les pertes de semences ou d'embryons et pour la destruction accidentelle de plantes et d'animaux avant qu'ils aient atteint le terme de leur croissance, nous n'obéirions pas à un préjugé qui tiendrait chez nous à ce que l'impuissance et les habitudes d'économie des mortels nous sont choses familières. Que l'homme ménage soigneusement ce qu'il ne peut se procurer qu'avec beaucoup d'industrie et de travail, c'est sagesse, on doit en juger ainsi. Mais il ne faut pas nous imaginer que la production de l'inexplicablement subtile machine d'un animal ou d'un végétal donne plus d'embarras ou de peine au grand Créateur que celle d'un simple caillou. Il est,

en effet, très évident, qu'un tout-puissant Esprit peut produire sans effort toutes choses par un pur *fiat* ou acte de sa volonté. Ainsi la profusion splendide des choses naturelles ne doit pas s'interpréter comme faiblesse ou prodigalité chez l'agent qui les produit, mais passer plutôt pour une preuve de l'étendue de sa puissance.

153. Quant à ce qu'il entre de peine ou de douleurs dans le monde par suite des lois générales de la nature, et aussi des actions des esprits finis et imparfaits, notre bien-être même en fait une indispensable nécessité dans l'état présent des choses. Mais nos vues sont trop étroites. Nous appliquons notre pensée, par exemple, à quelque douleur particulière, et nous appelons cette douleur un *mal* ; tandis que si nous agrandissons la sphère où se portent nos regards, de manière à embrasser les fins diverses, les connexions et les dépendances des choses ; si nous considérons en quelles occasions, dans quelles proportions nous sommes affectés de peine ou de plaisir, et la nature de la liberté humaine, et enfin dans quel dessein nous sommes placés en ce monde, nous serons forcés de reconnaître que ces mêmes choses particulières qui, prises en soi, paraissent être un mal, sont de la nature du bien quand on les envisage comme liées avec le système entier des choses.

154. Il sera manifeste pour toute personne qui voudra réfléchir à ce qu'on vient de dire, que, s'il se trouve encore des partisans de l'athéisme ou de l'hérésie manichéenne, c'est un pur effet de manque d'attention et de portée d'esprit. Des âmes petites et irréfléchies peuvent se faire une risée des œuvres de la Providence, dont elles sont incapables, soit légèreté, soit paresse de leur part, de comprendre l'ordre et la beauté ; mais les vrais maîtres en fait de justesse et d'étendue de la pensée, ceux qui ont

l'habitude de la réflexion, ne peuvent jamais admirer assez les marques divines de Sagesse et de Bonté qui brillent partout dans l'Économie de la Nature. Mais quelle est la vérité dont l'éclat soit assez grand pour qu'on ne puisse, en haine de la pensée, ou en fermant volontairement les yeux, se mettre en état de ne la pas voir, au moins d'une vue pleine et directe ? Faut-il s'étonner alors de ce que la plupart des hommes, occupés comme ils le sont toujours de leurs affaires ou de leurs plaisirs, et peu accoutumés à fixer, ou même à ouvrir les yeux de l'esprit, ne possèdent pas de l'existence de Dieu et de ses preuves visibles toute la forte conviction qu'on pourrait attendre de créatures raisonnables ?

155. Nous devrions nous étonner de ce que les hommes sont assez stupides pour négliger une vérité évidente et de si grande conséquence, plutôt que de ce que, la négligeant, ils n'en acquièrent pas la conviction. Et cependant il est à craindre que trop d'hommes de talent et de loisir, qui vivent en pays chrétiens, ne soient, par le seul fait d'une effrayante paresse, plongés dans une sorte de demi-athéisme[14]. [Ils ne peuvent pas dire qu'il n'y a point de Dieu, mais ils ne sont pas non plus convaincus qu'il y en a un. Quelle autre cause qu'une incrédulité cachée, des doutes secrets sur l'existence et les attributs de Dieu, peut permettre aux pécheurs de croître dans l'impiété et de s'y endurcir ?] Il est absolument impossible qu'une âme pénétrée et illuminée du sentiment profond de l'omniprésence, de la sainteté et de la justice de cet Esprit tout-puissant persiste sans remords dans la violation de ses lois. Nous devons donc étudier ces points importants et les méditer sérieusement, afin d'arriver à la conviction, sans aucun mélange d'incertitude, « que les yeux du Seigneur sont ouverts en tous lieux sur le bien et le mal ; qu'il est avec nous et nous garde partout où nous allons, nous donne des

aliments à manger et des vêtements à nous mettre » ; qu'Il est présent et conscient à nos plus intimes pensées ; enfin que nous sommes dans une dépendance absolue et immédiate de Lui. Une vue claire de ces grandes vérités ne peut manquer de remplir nos cœurs d'une terrible circonspection et d'une sainte terreur, qui sont les plus forts stimulants pour nous porter à la *vertu,* et les meilleurs préservatifs du *vice.*

156. Car, après tout, ce qui mérite la première place dans nos études, c'est la considération de DIEU et de notre DEVOIR. Comme l'objet capital et le dessein de mes travaux a été de la favoriser, je les tiendrai pour entièrement inefficaces et vains, si je ne peux, par ce que j'ai dit, inspirer à mes lecteurs un pieux sentiment de la Présence de Dieu, et, en montrant, comme je l'ai fait, la fausseté et la vanité des spéculations stériles qui sont la principale occupation des savants, les disposer mieux à révérer et embrasser les vérités salutaires de l'Évangile, que la plus haute perfection de la nature humaine est de connaître et de pratiquer.

---

1. C'est précisément la thèse de Descartes, que l'*âme pense toujours,* et fondée sur le même argument de l'*essence* propre de la *substance* âme, qui est de penser, Berkeley voulant conserver pour les esprits l'existence substantielle qu'il refuse aux corps. (*Note de Renouvier.*)
2. Après ces mots : « plutôt que des causes », et au lieu de ce qui suit, la seconde édition porte cette variante : « Un homme peut bien entendre les signes naturels sans connaître leur analogie, sans être capable de dire en vertu de quelle règle... » (*Note de Renouvier.*)
3. C'est de Newton qu'il s'agit, et Berkeley dit : « d'une nation voisine » parce que son livre (première édition) paraissait en Irlande. Quant au « Traité de *Mécanique* » c'est le livre des *Principes mathématiques de la philosophie naturelle. (Note de Renouvier.)*
4. Tout ce début du § 110 est supprimé dans la seconde édition. On y lit au lieu de cela cette simple phrase : « La meilleure clé pour la susdite analogie de la

science naturelle est, on le reconnaîtra sans peine, un certain traité célèbre de *Mécanique*. » (*Id.*)

5. Dans la deuxième édition, le § 115 contient quelques phrases de plus : « Et c'est tout : il n'en résulte point que, suivant la commune acception du mouvement, un corps soit mû uniquement pour la raison que sa distance à un autre corps est changée. Sitôt que nous sommes détrompés, en effet, et que nous nous apercevons que la force mouvante n'est pas appliquée à ce premier corps, nous cessons de le croire mû. D'autre part, il y a aussi des personnes qui pensent que si on imagine l'existence d'un seul et unique corps (dont les parties conservent entre elles une position donnée invariable), ce corps petit être mû en toutes sortes de manières, quoique en ce cas sa distance et sa situation ne puissent changer par rapport à rien. Nous ne contesterions pas cela, si l'on voulait dire que ce corps pourrait avoir une force imprimée, laquelle, par le simple fait de la création d'autres corps produirait un mouvement d'une certaine direction et d'une certaine grandeur. Mais que, dans ce corps unique, il puisse exister un mouvement actuel (autre que la force imprimée, ou pouvoir de produire un changement de lieu, au cas où d'autres corps présents permettraient de définir ce changement), c'est ce que je me déclare incapable de concevoir. » (*Note de Renouvier.*)

6. Ce passage fait allusion au Traité de Clarke sur l'existence et les attributs de Dieu. Leibnitz, au début de sa célèbre polémique avec Clarke, fait entendre une plainte analogue au sujet des philosophes anglais qui font « Dieu corporel », et relève l'opinion de Newton sur l'espace conçu comme organe de Dieu. (*Note de Renouvier.*)

7. Le texte de la deuxième édition supprime la parenthèse, et dit : *Nous devons entendre* au lieu de : *Nous entendons.*

8. En effet, il résulte de la proportion $a : 1 :: a^2 : a$, que si a représente une ligne qui soit une fraction infinitésimale de l'unité linéaire, la seconde puissance de a est une fraction infinitésimale de a ; et par conséquent si les infinitésimales du premier ordre existaient réellement, et celles du second ordre non, on serait obligé de dire que le carré d'une quantité positive réelle n'est rien. C'est ce que fait observer ici Berkeley. (*Note de Renouvier.*)

9. C'est ce que l'auteur a fait dans l'ouvrage intitulé : *The analyst, or a discourse addressed to an infidel mathematician* (1734). – (*Id.*)

10. *Une idée de l'esprit* : la 2e édit. dit : *une idée (ou plutôt une notion) de l'esprit.* – Cette addition et les retranchements faits quelques lignes au-dessus (passages que nous avons conservés en les plaçant entre deux crochets) tiennent à ce que Berkeley, dans la 2e édition, prend le parti d'affecter spécialement le terme de *notion* à celles de nos pensées qui se rapportent à la connaissance du *moi* et à la connaissance des relations entre les *idées*. (*Note de Renouvier*).

11. Ici se trouve inséré dans la Sédition un passage important sur cette distinction de la *notion* et de l'*idée,* qui a déjà motivé ci-dessus quelques modifications dans le texte primitif de Berkeley : « On ne peut pas dire, je pense, à parler strictement, que nous avons une *idée* d'un être actif, ou d'une action, quoiqu'on puisse dire que nous en avons une *notion*. J'ai une certaine connaissance ou notion de mon esprit et de ses actes au sujet des idées, en tant que je connais ou comprends ce que ces mots signifient. Ce que je connais, c'est ce dont j'ai quelque notion. Je ne dirai pas que les mots *idée* et *notion* ne puissent être employés l'un pour l'autre, si le monde le veut ainsi. Mais il convient, pour la clarté et la propriété des termes, de donner à des choses très différentes des noms différents pour les distinguer. Il est encore bon de remarquer que, toutes les relations renfermant un acte de l'esprit, on ne s'exprime pas si proprement en disant que nous avons une *idée* qu'en disant que nous avons une *notion* des relations et manières d'être des choses entre elles. Mais si, pourtant, l'usage actuel est d'étendre le mot *idée* aux esprits, aux relations et aux actes, alors ce n'est après tout qu'une affaire de mots. » (*Note de Renoutier*.)
12. Doctrine de Malebranche. (*Note de Renouvier.*)
13. Cette dernière phrase, omise dans la deuxième édition, rappelle des pensées que Pascal, lui, n'aurait probablement pas retirées, s'il eût pu donner une forme régulière et achevée à son apologie du christianisme : « Le monde subsiste pour exercer miséricorde et jugement, non pas comme si les hommes y étaient sortant des mains de Dieu, mais comme des ennemis de Dieu, auxquels il donne par grâce assez de lumière pour revenir, s'ils le veulent chercher et le suivre, mais pour les punir, s'ils refusent de le chercher ou de le suivre. » – « il y a assez de clarté pour éclairer les élus, et assez d'obscurité pour les humilier. Il y a assez d'obscurité pour aveugler les réprouvés, et assez de clarté pour les condamner et les rendre inexcusables. » – « il y a de l'évidence et de l'obscurité, pour éclairer les uns et obscurcir les autres... Il y a assez d'évidence pour condamner, et non assez pour convaincre : afin qu'il paraisse qu'en ceux qui la suivent (sc. la religion), c'est la grâce, et non la raison, qui fait suivre ; et qu'en ceux qui la fuient, c'est a concupiscence, et non la raison, qui fait fuir. » (*Note de Renouvier.*)
14. « Dans l'athéisme », porte simplement la seconde édition où les deux phrases suivantes ne se trouvent pas.

Copyright © 2020 par FV Éditions
ISBN Ebook : 979-10-299-0983-2
ISBN Livre Broché : 9798681271260
ISBN Livre Relié : 979-10-299-0984-9
Tous Droits Réservés

Également Disponible

Essai sur le Libre Arbitre

www.ingramcontent.com/pod-product-compliance
Lightning Source LLC
LaVergne TN
LVHW091544070526
838199LV00002B/194